Das Gesicht des ISLAM

Wo Religion auf Politik trifft

Jochen Rabast

Weitere Bücher von Jochen Rabast

Umbruch der Religion. Von der Abrahamitischen
Religion zu Judentum, Christentum, Islam, 2010

Wie Engel in die Bibel kamen, 2017

Im Namen der Religion...friedlich nebeneinander?..
Islam-Christentum-Judentum, 1.A. 2015

Impressum

*Bibliografische Information der Deutschen Nationalbibliothek: Die
Deutsche Nationalbibliothek verzeichnet diese Publikation in der
Deutschen Nationalbibliografie; detaillierte bibliografische Daten sind im
Internet über* dnb.dnb.de *abrufbar.*

Copyright © 2017 Jochen Rabast
Herstellung und Verlag:
BoD – Books on Demand, Norderstedt

ISBN 9783744867696

9 783744 867696

Inhaltsverzeichnis

Teil I: Der innerislamische Krieg

...und so fing der Religionskrieg an.

Im Iran fand 1978 eine islamische Revolution statt. Die Schiiten eroberten einen Staat, der unter dem Schah westlich geprägt war. Das brachte große Unruhe in die islamische Welt.

Dann geschah etwas, was man bisher nicht für möglich gehalten hatte. Islamistische Kräfte stoßen in das Herz des Islam vor. Sie besetzen die **Große Moschee in Mekka** im Jahr 1979.

Damit beginnt der innerislamische Krieg der Gegenwart.

Der Zeitpunkt ist bewusst gewählt. Es beginnt ein neues Jahrhundert islamischer Zeitrechnung. 1400 Jahre nach der Hedschra, der Auswanderung des Propheten von Mekka nach Medina, wird die Große Moschee von Mekka in einem Handstreich militärisch besetzt. Ausgerechnet jener Ort, an dem es den Gläubigen strengstens verboten ist, Waffen bei sich zu haben. Ein Sakrileg.

Unerkannt strömen am 20. November 1979, dem Vorabend des islamischen Neujahrstages, schwer bewaffnete Männer in die Große Moschee und nehmen Tausende Pilger als Geiseln. Sie fordern den Sturz des saudischen Königshauses. Ihr Ziel ist es, einen wahren islamischen Staat zu errichten. Mit Beginn des neuen Jahrhunderts soll in der Glaubenswelt des Islam aufgeräumt und der Zustand wieder hergestellt werden, so wie es Mohamed einst von seinen Anhängern gefordert hat.

Der saudische König Khalid konnte nicht einfach sein Militär nach Mekka schicken, um den Aufstand niederzuschlagen. Der heiligste aller islamischen Orte ist schließlich eine waffenfreie Zone. Zudem hatte der saudische König keine geistliche Macht, er war kein Kalif. So beauftragte er wahhabitische Religionsgelehrte, ein Rechtsgutachten, eine Fatwa, zu erstellen. An diesem Vorgang zeigen sich die komplizierten Machtverhältnisse in einem islamischen Staat. Der Chef einer Königsdynastie braucht die Religionsgelehrten für seine politischen Entscheidungen.

In diesem Fall geben die Kleriker grünes Licht und billigen eine militärische Rückeroberung der Großen Moschee. Dabei stellen sie allerdings eine Bedingung. Der saudische König muss sofort und für die künftigen Jahre Milliardenbeträge für die Verbreitung der wahhabitischen Interpretation des Islam zur Verfügung stellen. Diese islamische Missionsarbeit hält bis heute in umfangreichen Stil an. Um die Macht für sich und sein Königshaus zu erhalten, bleibt König Khalid keine andere Wahl, als sich auf diese Bedingung einzulassen.

Doch der Kampf gegen die Aufständischen und Besetzer der Moschee erweist sich als komplizierter als angenommen. Der Aufstand ist kriegstechnisch und von den Vorräten her gut geplant. Die großen unterirdischen Gewölbe des Heiligtums bieten eine sichere Bastion für die Besetzer. Die Regierung schafft es militärisch nicht, den Aufstand niederzuschlagen.

Man braucht militärische Hilfe aus dem Ausland. Eine Anfrage bei der französischen Regierung ist erfolgreich. Frankreich entsendet ein Bataillon Fallschirmjäger.

Doch mit konventionellen Mitteln gelingt dieser Truppe auch kein Sieg. Erst durch den Einsatz von Giftgas gelingt es nach zweiwöchiger Dauer die Besetzung der Moschee zu beenden. Es gibt mehrere Hundert Todesopfer auf Seiten der Besetzer. Das Terrorkommando bestand aus etwa 500-1000 Islamisten. Der fundamentalistischen Prediger, al-Utaibi, war der Anführer. Ihm wird öffentlich und zusammen mit weiteren seiner Getreuen der Kopf abgeschlagen.

Die Drahtzieher dieses Attentats sind unbekannt geblieben.

Der iranische Ayatollah Khomeni macht bereits am nächsten Tag in einer Radiobotschaft die USA für die Besetzung des islamischen Heiligtums verantwortlich, was weltweit zu Angriffen auf amerikanische Botschaften führt. Warum hat es der Iran so eilig, eine Beteiligung in Abrede zu stellen? Bis heute hat man keine Beweise gefunden, dass die islamische Revolution der Schiiten die Terroraktion gesteuert hat.

Die französische Regierung hat damals nicht geahnt, dass später Frankreich ein besonderes Anschlagsziel für Islamisten werden wird. Frankreichs Eingreifen in innerislamische Auseinandersetzungen stellt eine Fortführung der alten kolonialen Mandatsmacht im Vorderen Orient dar. Frankreich und England hatten willkürlich die territoriale Aufteilung des ehemaligen Osmanischen Reiches vorgenommen.

Ohne Rücksicht auf religiöse Strukturen hatten sie die Staaten Syrien, Irak, Jordanien, Israel nach kolonialem Gutdünken auf der Landkarte eingezeichnet.

Irakisch-iranischer Krieg

Wenige Monate nach dem Überfall auf die Große Moschee in Mekka kommt es zu einem militärischen Zusammentreffen der beiden islamischen Blöcke Sunniten (Irak) gegen Schiiten (Iran). Es gibt mehrere Kriegsgründe. Einer davon ist der religiöse Hass. Niemand hat nachweisen können, ob auch der Iran Strippenzieher für den Angriff auf Mekka war.

Am 22.September 1980 erklärt der irakische Diktator Saddam Hussein dem Iran den Krieg. Der Irak zielt auf die Ölfelder in der persischen Provinz Khuzestan, weshalb die Historiker vom ersten der Golfkriege sprechen, die ums Öl geführt wurden. Der Krieg sollte 8 Jahre währen, den eine Million Menschen mit ihrem Leben bezahlen mussten.

Neben dem Öl hat Khuzestan noch eine andere Bedeutung. Hier leben viele Araber.

- Saddam Husseins politisches Ziel war panarabisch ausgerichtet, also eine arabische Vereinigung ohne den Iran.
- Khomeni hingegen hatte eine panislamische Vision. Die Iraner glaubten, die islamische Revolution zunächst in das irakische Nachbarland und danach in weitere islamische Staaten zu tragen.

Nach grausamen acht Kriegsjahren (1980-88), in denen der Irak auch geächtete B- und C-Waffen einsetzte, schaffte es der UN-Sicherheitsrat, eine Resolution für einen Waffenstillstand einzubringen, den beide Seiten akzeptierten. Die Krieg kam zum Erliegen. Es wurde nicht mehr gekämpft, doch die Feindlichkeit ist geblieben. Einen Friedensvertrag gibt es bis heute nicht.

Die nächste Front

Vom Geist der islamischen Erneuerung war ein junger Mann fasziniert, der in Saudi-Arabien lebte und einer großen Unternehmerfamilie mit jemenitischen Wurzeln entstammt. Er entkommt der islamistischen Säuberung. Sein Name wird später in aller Munde sein: Osama bin Laden. Er flieht nach Afghanistan, um bei der Befreiung des islamischen Landes gegen die Sowjetarmee zu kämpfen. Viele weitere junge Fundamentalisten aus verschiedenen Ländern ziehen dorthin. Es sind vor allem ägyptische Dschihadisten, die dem militanten Flügel der Moslembruderschaft angehören. Bin Laden gelingt es, sie alle im Kampf gegen die Ungläubigen zu einen. Nach der Vertreibung der Sowjets aus Afghanistan ist es ihr nächstes militärisches Ziel, die Ungläubigen von der arabischen Halbinsel zu vertreiben.

Bin Ladens Dschihad-Erklärung gegen die Amerikaner, die mit Saudi-Arabien auch die heiligen Stätten besetzt halten, führen schließlich am 11. September 2001 zu den verheerenden Anschlägen auf die Türme des World Trade Centers in New York.

Die Vereinigten Staaten sehen sich genötigt, in Afghanistan einzumarschieren. Es wird ein langer und teurer Kampf, der allerdings den USA nicht den gewünschten Erfolg bringt.

Al-Qaida kann nicht ausgelöscht werden.

Zwar gelingt es den Amerikaner bin Laden zu töten. Doch al-Qaida entwickelt eine neue Strategie für den Kampf gegen die Ungläubigen: die Strategie des führerlosen Dschihad, d.h. al-Qaida gibt nur das Kampfziel vor. Die Anschläge selbst werden von kleineren Gruppen oder Einzeltätern in Eigenregie durchgeführt. Die dschihadistisch-salafistische Ideologie findet via Internet leichte Verbreitung. Potentielle Terroristen finden sich unerkannt in allen Ländern. Sie scheinen so zahlreich zu sein, dass die Geheimdienste nur einen kleinen Ausschnitt erfassen können. So gelingt es z.b. Tschetschenen im April 2013, um ein Beispiel zu nennen, beim Boston-Marathon unerkannt Sprengsätze zünden.

Der Krieg wird ausgedehnt

Die USA greifen den Irak an und erklären der Welt, den internationalen Terrorismus besiegen zu wollen. Als Vorwand dienen angebliche Massenvernichtungswaffen, die jedoch nicht gefunden werden. Am 20. März 2003 erhalten die in Kuwait stationierten Truppen den Befehl zum Einmarsch in den Irak. Ein verhängnisvoller Befehl, der die Kriegsspirale weiter dreht.

Seit der Besetzung der Großen Moschee führt die salafistische Spielart des Wahhabismus zu einer Radikalisierung von Muslimen in der ganzen arabischen Welt. Mit der Geiselnahme von Mekka beginnt die Blutspur islamistischer Terroranschläge. Islamische Ideologie wird exportiert. Islamische Terroristen werden weltweit rekrutiert. Die Spur führt über Al-Qaida bis zum Islamischen Staat. Der Hass dieser Terrororganisationen richtet sich gegen jedwede Modernisierung des Islam und sowieso gegen den westlichen Lebensstil der Ungläubigen. Ein islamischer Staat muss nach Maßgabe der Fundamentalisten so organisiert sein, wie es durch Mohamed im 7. Jahrhundert festgelegt wurde. Das ist der wahre Islam, in dem der politischen Alltag durch die Religion bestimmt wird. Der Islam kennt keine Trennung von Staat und Religion. Das anzuerkennen fällt westlichen Politikern mit ihrer Demokratie-Ideologie schwer.

Krieg in Syrien

Im Zuge des arabischen Frühlings kommt es auch in Syrien zu Demonstrationen für Freiheit und soziale Gerechtigkeit. Der Staatspräsident Assad ist Alawit und gehört einer eigenen Art der islamischen Religion an. Seit Jahren hat er seine Macht durch starke Geheimdienste abgesichert, denn die Alawiten sind eine religiöse Minderheit im Land. Zudem ist in Syrien die Vetternwirtschaft seit langem ein Grundübel im Staat Assads. Alle wichtigen Posten im Land sind mit seinen Leuten besetzt. Das ist auch ein Grund, weshalb die Demonstrationen gegen die Regierung zu einem Bürgerkrieg ausgeufert sind.

In den Städten Homs und Hama kommt es im Sommer 2011 zu bewaffneten Aufständen gegen Assad. Im Laufe der Zeit gerät der Konflikt außer Kontrolle. Es handelt sich nicht um einen Bürgerkrieg mit klaren Fronten. Unzählige Milizen kämpfen für ihre eigene Sache.

In der Realität des Jahres 2017 existiert der einst von den Franzosen künstlich geschaffene Staat Syrien nicht mehr.

Auch innerhalb des Landes hat es eine große Fluchtbewegung gegeben. Religiöse, nationale, ökonomische Interessen zeigen auf dem Territorium des ehemaligen Syrien die ganze Unlösbarkeit dieses islamischen Religionskrieges im Nahen Osten. Die Bürgerkriegsparteien begehen schreckliche Verbrechen bis hin zur Anwendung von Giftgas. Massaker allerorten, in den Gefängnissen werden Gegner qualvoll zu Tode gefoltert.

Als grobe Klassifizierung haben sich fünf Kriegsparteien auf dem Boden des ehemaligen Syrien herausgebildet:
- das Assad-Regime,
- der Islamische Staat,
- die sunnitischen Rebellen,
- die vom Iran und der Hisbollah unterstütze schiitische Gruppe und
- die kurdische YPG-Miliz.

Geopolitische Interessen stehen hinter den Parteien.

Für die Türkei gilt es als nicht hinnehmbar, dass die Kurden im nördlichen Teil Syriens ein eigenes Verwaltungsgebiet bekommen, was sie de facto haben.

Der schiitische Iran steht mit Geld und Waffen hinter Assad. Saudi-Arabien unterstützt seine sunnitischen Glaubensbrüder. Kämpfer aus Afghanistan und anderen islamischen Ländern halten den IS am Leben.

Die als 'syrische Rebellen' zusammengefasste Gruppe (z.B. die Salafisten Ahrar al-Scham, die Dschihat-Front Dschabat Fatah-al Scham) kämpfen für einen islamischen Staat mit Gesetzen der Scharia. Nur für den oberflächlichen Betrachter, der Religion außen vor lässt, erscheint es kurios, dass diese Milizen nicht mit dem IS gemeinsame Sache machen.

Den Machterhalt Assads unterstützen der Iran, ebenso die gegenwärtige Regierung des Irak, weiter die Hisbollah-Kämpfer aus dem Libanon und schließlich Russland.

Die Türkei will den Sturz Assads, ebenso Saudi-Arabien, beides Länder mit eigenen Vorstellungen von Demokratie.

Die Militärkoalition von 60 Staaten unter Führung der USA kann mit ihrem Kampf gegen den IS zu keiner Lösung dieses vielschichtigen Krieges beitragen. Selbst nach einem militärischen Sieg und einer Auslöschung des Islamischen Staates wird der innerislamische Kampf weitergehen.

Westliche Politiker glauben, Frieden kann es nur ohne Assad geben. Ihr Allheilmittel zur Lösung des Problems lautet 'Demokratie', und das ohne Beachtung der Religion.

Es sind gegenwärtig keinerlei Ansätze erkennbar, wie man militärisch, religiös, politisch, international diesen Krieg beenden kann. Das Dilemma ist das große innerislamische Zerwürfnis.

Die Folgen in Europa 2015

Bisher hat sich der innerislamische Konflikt vor der Haustür Europas abgespielt. Ende 2015 wird Europa und in erster Linie Deutschland durch eine gewaltige Fluchtbewegung mit den islamischen Problemen konfrontiert. Die Regierung Merkel verharrt in hilfloser Untätigkeit.

Auf einen Zusammenstoß der Kulturen war man nicht vorbereitet.

- Religion gilt in der Öffentlichkeit weithin als veraltet, uninteressant, überholt. Wer hat sich für den Islam interessiert?
- Ein Informationsdefizit gibt es in gleicher Weise bei den Regierenden und Entscheidungsträgern. Z.B. fordert der Innenminister de Maizière, die Islam-Verbände (türkisch!) sollen Anlaufstellen für die islamischen Flüchtlinge (arabisch) sein.
- In Deutschland arbeitet seit Jahrzehnten der türkische Islam daran, eine Anerkennung als gleichwertige Religion neben den Großkirchen zu finden.
- Beide Kirchen haben einen theologischen Verrat an ihrer eigenen Religion vollzogen, indem sie den Unterschied im Gottesbegriff zwischen Christentum und Islam eingeebnet haben. Die Katholische Kirche war Vorreiter. Die prägenden evangelischen Theologen Bedfort-Strohm und Käßmann befinden sich auf Kuschelkurs mit dem Islam.
- Staatliche Sicherheitsbehörden, Polizei und Justiz sind nicht darauf eingestellt, dass eine Menschenmenge Deutschland überfällt, die keine Trennung zwischen Staat und Religion kennt.

Frau Merkels Willkommenskultur

Durch die Kriegsspirale im Nahen Osten ist eine ungeahnte Flucht in

Gang gekommen. Innerhalb der arabischen Länder suchen Menschen ein neues Zuhause. Dann wird die Türkei wegen der geografischen Nähe zum Ziel der Flüchtlinge. Schließlich macht sich ein Herr von Flüchtlingen wie eine Flutwelle nach Europa auf.

Diejenigen, die sie stoppen könnten, sahen tatenlos zu. Robin Alexander hat die untätige Ratlosigkeit der deutschen Regierung dokumentiert: 'Die Grenze bleibt offen, nicht etwa, weil es Angela Merkel bewusst so entschieden hätte, oder sonst jemand in der Bundesregierung. Es findet sich in der entscheidenden Stunde schlicht niemand, der die Verantwortung für die Schließung übernehmen will'.[1]

Fast 1 Million Flüchtlinge überrennen Ende 2015 Deutschland. Häufig ohne Ausweispapiere und mit selbst erklärter Identität überschreiten sie die deutsche Grenze mit dem Einverständnis der Bundeskanzlerin. Die Regierung Merkel missachtet die geltenden Gesetze. Ein freier Grenzübertritt gilt nur für Bürger der EU-Staaten. Zu einem Grenzübertritt braucht es einen gültigen Pass, eine weltweite Selbstverständlichkeit. Die deutsche Regierung setzt sich darüber hinweg, ohne irgendwelche Sicherheitsbedenken zu haben.

Längst waren den Flüchtlingen die vergleichsweise üppigen finanziellen Zuwendungen an Asylanten in Deutschland bekannt. Das wirkte wie ein Magnet. Geschätzte 90% der Flüchtlinge sind Muslime. Die hilfsbereiten Deutschen haben ihnen in Ergebenheit gegenüber der Politik von Frau Merkel eine Willkommenskultur ohne Grenzen und Begrenzungen entgegen gestreckt. Sie haben keine Kenntnisse darüber, welche Lebensweise und Prägungen diese Menschen aus den unterschiedlichen islamischen Welten zu ihnen mitbringen. Die Helfer sind sich bis heute nicht bewusst, dass ihre 'Flüchtlingshilfe' zugleich eine unwägbare Gefahr für den Religionsfrieden in unserem Land darstellt.

---

1 Robin Alexander, Die Getriebenen, 2017, ISBN9783827500939

Mit den Flüchtlingen kommt der im Kampf zerstrittene Islam nach Deutschland. Doch werden sich die religiösen Folgen erst sehr viel später zeigen. Angelockt wurden die Flüchtlinge nicht durch eine andere Religion, sondern durch vage Erwartungen auf Wohlstand und Geld. Internet und soziale Medien haben den Wunsch angeheizt, ins vermeintlich reiche Deutschland zu kommen. Für die Flüchtlinge gab es im Internet falsche Vorstellungen über ein Leben im Wohlstand.

Das war kein Geheimnis.

Die Bundesregierung hat es sträflich unterlassen, mit Werbekampagnen in den arabischen Massenmedien der unrealistischen Schönfärberei in Facebook und Twitter entgegenzutreten.

Angesichts von Protesten gegen diese Flüchtlingswelle trat die Grünenpolitikerin Claudia Roth mit weit aufgerissenen Augen vor die Öffentlichkeit 'das sind Menschen'. Doch damit war nichts beschrieben; dass es keine Tierherde war, sah ja jeder. Sie 'fliehen vor dem Bombenhagel Assads und laufen um ihr Leben', so oder ähnlich hieß es weiter. Auf einen geringen Prozentanteil der Flüchtlingswelle mag diese Beschreibung zutreffen, sofern sie im syrisch-irakischen Raum ausgebombt waren. Doch vor unmittelbarer kriegerischer Gewalt waren die meisten längst in der Türkei oder jedem Land der Balkanroute auf sicherem Boden. Dennoch war ihr Ziel das gelobte Land Deutschland. Hier bekommt mancher Flüchtling mehr geschenkt, als er zu Hause erarbeiten kann.

Bis heute gibt es keinen verlässlichen Überblick aus welchen Ländern und aus welchen Bildungsschichten diese Menschen gekommen sind.

In unverantwortlicher und ungesetzlicher Weise hat die Bundesregierung eine völlig unkontrollierte Masseneinwanderung zugelassen.

Auf deutscher Seite gab es kein Konzept für die Unterbringung, Versorgung, Verweildauer, den Asyl- oder Flüchtlingsstatus usw. Der im europäischen Vergleich hohe Standard bei der Unterbringung und die zu hohen Sozialleistungen haben die meisten Flüchtlinge nach Schweden, Österreich und hauptsächlich nach Deutschland gelockt.

Menschen kamen aus den ärmsten, gewalttätigsten und rückständigsten Regionen der Welt in unser Land. Die Regierung hat Milliardensummen dafür bereit gestellt und der eigenen Bevölkerung mit Verlogenheit vorgegaukelt, diese Menscheninvasion sei ein gigantisches Konjunkturprogramm und werde eine Quelle für künftigen Wohlstand sein.

Die deutsche Regierung hat die europäische Kommission nicht aufgefordert, einheitliche Standards für die Unterbringung und finanzielle Versorgung in allen EU-Staaten zu entwickeln.
Die Organe der EU wurden nicht wirksam tätig.
Martin Schulz war zu diesem Zeitpunkt der Präsident des Europäischen Parlaments. In dieser Funktion hatte er die Möglichkeit, Vorschriften für eine einheitliche Behandlung der Flüchtlinge in Bezug auf Unterbringung und finanzielle Versorgung in den EU-Ländern auf den Weg zu bringen. Martin Schulz hat kläglich versagt. Sein formulierter Enthusiasmus 'ich bin ein glühender Europäer' hat ignoriert, dass es an Europas Grenzen glüht. Statt tätig zu werden, arbeitet Bürokratie die eigenen Regeln ab und ignoriert Notstände.

Auf einen Schulterschluss mit den anderen EU-Staaten hatte Angela Merkel verzichtet und in einem Alleingang für Deutschland verordnet: 'Wir schaffen das'. Ein beträchtlicher Teil der Bevölkerung war mit der Aufnahme der Flüchtlinge unausgesprochen und ungefragt einverstanden und hat die sogenannte

'Willkommenskultur' mit Tatkraft und finanziellem Engagement unterstützt. Kritische Töne und Sicherheitsbedenken wurden in einer Weise unterdrückt, wie das sonst nur in totalitären Staaten üblich ist. Kritik gilt bis heute als ausländerfeindlich und rechtsextrem.

Das Handeln der Bundeskanzlerin gleicht dem eines Autokraten. Frau Merkel setzt ihre eigene Empathie über das geltende Recht.

Die Presse hat ihre Unabhängigkeit aufgegeben und die Kanzlerin unterstützt, wie Frau Merkel das aus Honeckers Zeiten kannte. Nationalität und Herkunft von Kriminellen dürfen in den Medien nicht mehr benannt werden.

Untätigkeit hat auch die sogenannte 'dritte Säule' der Demokratie an den Tag gelegt. Der Staatsrechtler Karl Albrecht Schachtschneider hat Klage gegen die Verstöße der Bundeskanzlerin Merkel wegen ihrer Migrations- und Asylpolitik am 02.02.2016 beim Bundesverfassungsgericht eingereicht.

Die Verfassungsrichter leisten sich Ungeheuerliches. Sie machen von ihrem Recht nach § 93 BVerfGG Gebrauch, das ihnen die Möglichkeit gibt, Klagen einfach nicht anzunehmen. Juristisch sind sie in ihrer Handlungsweise völlig frei. Sie müssen nicht tätig werden, um Rechtsverstöße zu prüfen. So fällt in dieser für Deutschland wichtigen Stunde auch die oberste Justizbehörde, die dritte Säule der Demokratie aus. Der frühere, langjährige Präsident des Bundesverfassungsgerichts, Hans-Jürgen Papier, sprach von einem 'eklatantem Politikversagen'. Es gibt eine tiefe Kluft zwischen Recht und Wirklichkeit in der deutschen Bundesrepublik, sagte er in einem Interview mit dem 'Handelsblatt'.

Hier zeigt sich die Schattenseite. Demokratie stößt an ihre Grenzen.

Ursula von der Leyen wird nicht müde zu erklären, das Wichtigste was wir haben ist die Demokratie. Doch was, wenn sie nicht funktioniert? Demokratie braucht eine Opposition. Frau Merkel hat die Front von der bürgerlich-konservativen Seite zur grün-linken Ideologie gewechselt.
So bleiben die FDP und die AfD als alleinige Opposition.

Die erfolgte Invasion nach Deutschland mit dem Oberbegriff 'Flüchtlinge' zu etikettieren stellt eine Mogelpackung dar.
Eine Einzelprüfung für Asylanträge galt de facto nicht mehr, jeder war einfach willkommen. Geprüft wurde irgendwann. Oder nie, wenn der Flüchtling abgetaucht war.
Frau Merkel orientierte sich nicht an der Leistungsfähigkeit unseres Landes, sondern erhob ein formal-juristisches 'das Asyl kennt keine Obergrenze' zur sturen Maxime. Gegen den Flüchtlingszustrom nach Deutschland, so fügte sie hinzu, müsse man die Ursachen in den Herkunftsländern bekämpfen.
Dass diese wünschenswerte Fernsicht kein Handlungskonzept für den Massenansturm in der Gegenwart sein kann, wollte die Kanzlerin nicht gelten lassen.
Die Balkanstaaten, die in früheren Jahrhunderten von islamischen Truppen besetzt waren, wollten keine Wiederholung und schlossen ihre Grenzen. EU-Behörden fühlen sich im Recht, diese Länder dafür bestrafen zu können, was ihnen bei Merkels Verstoß gegen das Schengen-Abkommen nicht in den Sinn kam.

Es gab warnende Stimmen vor unkontrollierter Aufnahme von Flüchtlingen, wie den Journalisten Peter Scholl-Latour:
Wer einen Teil Kalkuttas ins eigene Land holen will, der hilft nicht Kalkutta, sondern holt die Probleme Kalkuttas ins eigene Land. Das gilt mutatis mutandis für Deutschland und die Flüchtlinge aus der islamischen Welt:

Merkels Politik ist kein Beitrag zur islamischen Krise, sondern islamisiert Deutschland.

Etwaige Probleme mit der islamischen Religion wurden auch nicht ansatzweise erwähnt. Dabei gab es bereits Schlägereien zwischen religiösen Gruppen in den Flüchtlingsunterkünften. Das wurde verschwiegen oder mit situativen Erklärungen klein geredet. Das Pressediktat - als freiwillige Erklärung des Presserats bezeichnet - keine Nationalität zu benennen, hat nur dem Ansehen der Presse in der Öffentlichkeit geschadet, jedoch keinen Beitrag zur Bewältigung der Flüchtlingskrise geleistet.

Teil II: Was ist Islam?

Ein Überblick

Der Islam ist kein einheitliches Gebilde, sondern ein Oberbegriff, eine Zusammenfassung zerstrittener Religionsrichtungen, derzeit im kriegerischen Konflikt.

Das Ende des 1. Weltkriegs bedeutete für den Islam eine einschneidende Veränderung: Die Zerschlagung des Osmanischen Reiches. In Istanbul residierte das Oberhaupt aller Muslime. Der **Kalif** war, wie es der arabische Name sagt, der 'Nachfolger' des Propheten Mohamed. Als Oberhaupt aller Muslime und Vertreter des Propheten Gottes war er für die islamische Welt des Osmanischen Reiches so etwas wie der Papst für die katholische Welt.
Damit war es nach dem 1. Weltkrieg vorbei.
Die einzelnen Gruppierungen seien im Folgenden skizziert.

Die hauptsächlichsten Islam-Varianten

Der türkische Islam

Mustafa Kemal, genannt **Atatürk** ('Vater der Türken'), beendet das Kalifat. Alle Angehörigen der Familie Osman müssen das Land verlassen. Atatürk begründet 1923 einen türkischen Staat nach dem Vorbild europäischer Demokratien. Das ist zugleich das Ende für den Vielvölkerstaat des Osmanischen Reiches. Von den Türken verlangt Atatürk ein starkes Nationalgefühl. Er macht sich selbst zum ersten Präsidenten des türkischen Nationalstaates.

Die Verbindung zu dem Rest des Osmanischen Reiches kappt Atatürk dadurch, dass er die arabische Schrift und Sprache in der Türkei verbietet. Jetzt wird Türkisch gesprochen und mit lateinischen Buchstaben geschrieben, so wie in Europa.

Die Türken interessiert es nicht, dass die nicht-türkischen Moslems des bisherigen Osmanischen Reiches nun ohne Oberhaupt sind. Als umsichtiger Staatsmann weiß Atatürk auch, dass er für die religiösen Belange seines Volkes einen Ersatz in der moslemischen Führung braucht. Er gründet das 'Präsidium für religiöse Angelegenheiten', das **Diyanet**. Diese Behörde kann man mit dem Vatikan vergleichen. Heute verfügt sie über mehrere zehntausend Mitarbeiter. Ihre Aufgabe ist die Ausbildung der Imame. Und damit bestimmt das Diyanet, was in den Moscheen gepredigt wird. Diese Aufgabe war in der Frühzeit auf die Türkei beschränkt. Doch mit der Einwanderungswelle der türkischen Gastarbeiter in den 1960-er Jahren nach Deutschland bestimmt das Diyanet auch, was die Imame in Deutschland zu predigen haben.

Der jeweilige amtierende Präsident des Diyanet – man höre und staune! – gehört automatisch der Türkisch-Islamischen Union in Deutschland (**DITIB**) an. DITIB ist ein Dachverband mit Sitz in Köln-Ehrenfeld, der unter der Kontrolle und Aufsicht des Diyanet steht. Die Imame werden für einige Jahre nach Deutschland geschickt und von der Türkei bezahlt.

Gegenwärtig werden an die tausend Imame in Deutschland von der Türkei bezahlt. Sie haben ihre Ausbildung in Ankara erfahren. In der Regel sprechen sie kein Deutsch. DITIB lehnt einen Religionsunterricht in deutscher Sprache ab.

Sowohl wirtschaftlich als auch ideologisch greift die Türkei damit in die inneren Angelegenheiten Deutschlands ein. Die deutsche Regierung hat verkannt, welche Fremdsteuerung der türkisch sprechenden Menschen in Deutschland das darstellt. Mit dem Hinweis auf 'Religionsfreiheit' haben deutsche Politiker - allen voran die Grünen - verleugnet, dass diese Art religiöser Eigenständigkeit eine Integration in die deutsche Gesellschaft verhindert. Bei seinen Besuchen und öffentlichen Auftritten hat Erdogan von seinen Landsleuten stets verlangt, ihre türkische Identität beizubehalten. Sie sollen ihre Sprache und ihr Brauchtum beibehalten. Sie sollen sich nicht an das Deutschtum assimilieren. So die Aussage Erdogans am 17. Mai 2010 in Köln und vorher schon 2008. Er forderte die Zuhörer auf, die 'eigene Kultur, Religion und Identität' zu bewahren.

Da die deutsche Öffentlichkeit nicht versteht, was in den Moscheen gepredigt wird, ist mit dieser Religionsausübung ein Grundstein für eine eigenständige türkisch-islamische Welt in Deutschland gelegt worden, eine türkische Parallelwelt.
Die mitregierende SPD hat ausgerechnet eine türkisch-stämmige Deutsche zur Ausländerbeauftragten gemacht, Frau Staatsministerin Aydan Özoğuz.

Der türkische Islam hat eine Reihe von Elementen aus der arabischen Stammesgesellschaft übernommen. Das betrifft insbesondere die Stellung der Frau. Bei den Arabern wird die Frau als Besitz der Familie betrachtet. Eine junge Frau kann sich nicht ihren

Lebenspartner aussuchen, sie wird vom Vater verheiratet. Auch im Erbrecht wird die Frau benachteiligt. Sie bekommt in den meisten arabischen Ländern nur die Hälfte von dem, was der männliche Erbe bekommt. Die Begründung:

Das Erbrecht ist vom Propheten Mohamed festgelegt worden. Auch vor Gericht zählt in islamischen Staaten die Aussage eines Mannes doppelt so viel wie die Aussage einer Frau.

Im Koran steht, die Frau ist dem Mann untertan. Jedoch finden sich auch solche Passagen, die den Glauben als Befreiung der Frau aus der Unmündigkeit erklären wollen.

Die Imame geben durch ihre Interpretation des Islam den Glaubensinhalt vor. Sie legen fest, was gilt.

In der Koran-Sure 24 steht 'Sag den gläubigen Frauen, dass sie ihre Blicke senken und das sie ihre Scham bewahren sollen und dass sie einen Schal um den Kopf tragen'. Der türkische Verband sagt nach den Vorfällen der Kölner Silvesternacht 2016: Mit diesem Outfit kann man sich vor sexueller Belästigung schützen.

Ein Konzept zur Wiedererlangung von Sicherheit in Deutschland kann das wohl nicht sein.

Der türkischen Islam ist seinerseits zersplittert. Es gibt viele selbständige Moscheevereine, aber auch größere Islamverbände.

- der Islamrat für die Bundesrepublik Deutschland (IR) ist eine Vertretung türkischer Muslime
- die Türkisch-Islamische Union der Anstalt für Religion (**DITIB**) ist der verlängerte Arm des Diyanet (s.o.)
- der Verband der Islamischen Kulturzentren (**VIKZ**)

Diese Verbände haben sich 2006 zum Koordinationsrat der Muslime in Deutschland (KRM) im Rahmen der Deutschen Islam Konferenz (DIK) zusammengeschlossen. Zu diesem gehören

- der Zentralrat der Muslime in Deutschland (**ZMD**).
  Nach eigenen Angaben des ZMD sind nur die Hälfte der Mitglieder türkische Muslime,aber viele Mitglieder gehören auch zur IGD. Guido Steinberg vom

Islamischen Zentrum München e.V. sieht im Zentralrat der Muslime in Deutschland den verlängerten Arm der syrischen und ägyptischen Moslembruderschaft.
- die Islamische Gemeinschaft in Deutschland (**IGD**). Diese gilt als von der internationalen Moslembruderschaft geprägt.

Die Vertreter der türkisch-islamischen Verbände buhlen um Anerkennung durch deutsche Politiker für eine politische und religionsrechtliche Anerkennung. So setzt das Bundesland Hessen auf Unterstützung durch den DITIB beim islamischen Religionsunterricht. In Rheinland-Pfalz sieht die Ministerpräsidentin Malu Dreyer DITIB als einen unverzichtbaren Partner. Da steckt eine gute Portion Ahnungslosigkeit dahinter.

Susanne Schröter, Direktorin des Forschungszentrums Globaler Islam an der Frankfurter Goethe-Universität urteilt darüber: „Das ist eine katastrophale Politik, die da gemacht wird. Ditib macht eine geschickte Politik, entsendet Leute in Parteien und Gremien, und überzeugt offensichtlich manche Politiker, die zeigen wollen, dass sie Muslime mit ins Boot holen. Das ist ja an sich kein Fehler, doch man sollte sich hüten, Ditib zu einem besonders privilegierten Partner zu machen oder gar zur Vertretung der Muslime in Deutschland aufzuwerten. Die Organisation ist nämlich nur die Vertretung eines kleinen Teils der Muslime. Die meisten Muslime gehören gar keinem Verband an."[2]

DITIB steht für eine Bewahrung des nationalen Türkentums und verhindert eine Eingliederung türkischer Migranten in die deutsche Gesellschaft.

Alles was die deutsche Öffentlichkeit als 'muslimisch' versteht, ist

2 Allgemeine Zeitung am 14.05.2016

wesentlich von dem türkischen Islam geprägt. Er ist aufgrund seiner Geschichte (Zerfall des Osmanischen Reiches) von einer Abgrenzung zu dem arabischen Islam geprägt.

90% der fast eine Million Flüchtlinge, die Ende 2015 nach Deutschland geflutet sind, gehören dem arabischen Islam an. Offenbar in völliger Unkenntnis der islamischen Geschichte fordert der Innenminister de Maizière, die islamischen Verbände sollten 'Anlaufstellen' für die Flüchtlinge sein, sie sollten 'Integrationslotsen' sein. Eine dümmere Idee kann man kaum haben. Die arabischen Moslems werden in den türkischen Moscheegemeinden keine Heimat finden können, da besteht gegenseitige Ablehnung. Hilfloser kann ein deutscher Politiker kaum ausdrücken, was er unter Integration versteht.

Ali Ertan Toprak, Präsident der Immigrantenverbände, sagt: 'Die islamischen Verbände sollten erst mal für die Integration ihrer eigenen Mitglieder sorgen, bevor sie die staatlich subventionierte Integrationsarbeit für die Flüchtlinge übertragen bekommen. Die Islamverbände verweigern sich einer ehrlichen Debatte über die deutsche Werteordnung und verstecken sich hinter Religionsfreiheit'.[3]

Der arabische Islam

Parallel zu den nationalistischen Bestrebungen der Türkei hat sich schon während des 1. Weltkriegs eine panarabische Bewegung gegründet. Der Sherif von Mekka, Hussein, aus dem uralten arabischen Geschlecht der Haschemiten wird ihr Anführer. Er ruft zum arabischen Aufstand gegen die Osmanen auf. Das kam den Engländern als Kriegsgegner der Türkei gelegen. Sie unterstützten die panarabische Bewegung. Erst als diese zu mächtig wurde,

---

3   Die Welt /politik/ deutschland/article148744634

änderten sie ihre Meinung und kehrten zum kolonialen 'divide et impera' (teile und herrsche) zurück.

Sherif Hussein Ibn Ali hatte weitreichende Pläne für die Zeit nach dem Krieg. Er will der Anführer des zu Ende gehenden Osmanischen Reiches werden. Er fühlt sich berufen, als neuer Kalif Nachfolger Mohameds zu werden. Das Kalifat soll Mesopotamien, das gesamte Palästina, die gesamte arabische Halbinsel und Ägypten umfassen. Hussein verhandelt mit dem britischen Hochkommissar McMahon, der seinen Sitz in Kairo hat. Die Briten sind einverstanden mit dem arabischen Kalifat nach Kriegsende. Die Zusicherung ist dokumentiert.

Doch die britische Diplomatie ist eine mehrgleisige. Der jüdische Repräsentant Lord Rothschild in London schlägt dem britischen Außenminister Balfour nach Kriegsende einen eigenen Staat Israel vor. Die von den USA ausgehende Bewegung des Zionismus sieht die Zeit dafür reif. Großbritannien will sich dem nicht verschließen.

Frankreich, die andere große Kolonialmacht der damaligen Zeit, will nach Kriegsende eine Aufteilung des großen Osmanischen Reiches. In einem geheimen Abkommen (Sykes-Picot-Abkommen) einigen sich Frankreich und England auf eine Aufteilung des Nahen Ostens. Die betroffenen Völker erfahren davon zunächst noch nichts.

Der Kriegs- und Kolonialminister von Großbritannien, Sir Winston Churchill, setzt auf einer Konferenz des Völkerbundes (Vorgänger der UNO) im Jahr 1920 in San Remo die Aufteilung des Osmanischen Reiches in Mandatsgebiete für die Siegermächte England und Frankreich durch. Die Grenzziehung der arabischen Staaten (Syrien, Jordanien, Irak, Libanon) wird durch englisch-französische Übereinkunft ohne eine Beteiligung der arabischen Staaten festgelegt.

Das Mandatssystem war eine neue Form von Kolonialherrschaft.

Im Ergebnis gab es kein panarabisches Kalifat. Auf religiöse

Strukturen haben die Siegermächte keine Rücksicht genommen. Dabei schwelt der uralte Konflikt zwischen Schiiten und Sunniten in der arabischen Welt weiter. Doch seit dem Ende des 1. Weltkriegs gibt es keinen Kalifen mehr.

Der Gedanke einer nationalen Einheit bekommt nach dem zweiten Weltkrieg neuen Auftrieb durch die Gründung der **Baath-Partei**. Ihre Doktrin geht von einer einzigen ungeteilten arabischen Nation und einem gesamt-arabischen Vaterland aus. Doch funktioniert hat diese panarabische Bewegung nie. Der Brückenschlag durch die Staatenunion zwischen Syrien und Ägypten war nicht von langer Dauer. Im Irak und in Jordanien bildeten sich starke eigene Baath-Organisationen. Das Regime von Saddam Hussein (im Irak-Krieg 2003 von den Amerikanern beseitigt) gehörte der Baath-Partei an. Der eigentliche panarabische Gedanke kam politisch-religiös jedoch nie zum Tragen. In den selbständigen Ländern Syrien, Irak, Jordanien, Saudi-Arabien lag die Macht in den Händen von Familienclans, und die schauten nicht über ihre Ländergrenzen hinaus.

Der panarabische Islam blieb Idee und ein Wunschgedanke. Die Clans und Herrscherhäuser beschritten einen eigenen territorialen islamischen Weg:

- Syrien wird unter Assad alawitisch
- Das irakische Militär konvertiert nach der Niederlage gegen die Amerikaner zum IS
- Saudi-Arabien gleicht einer gefestigter Bastion eines Religionsstaates des Wahhabismus
- Im Iran haben die Schiiten ihren Religionsstaat fest installiert.

Der alawitische Islam

Syrien hat seine eigene islamische Variante. Der Name 'Alawiten' drückt aus, dass Ali, der Kalif und Schwiegersohn Mohameds, eine außerordentliche Bedeutung genießt. Der Klan der Assads ist alawitisch. Seit 1970 stellen die Assads die Regierung und die Führung der arabischen Baath-Partei.

Der Alawismus steht dem Schiitentum nahe. Daher besteht enge Verbindung zum Iran. Die Alawiten haben kein eigenes Schrifttum, für sie gilt einzig der Koran. Doch unterwerfen sie sich nicht der Scharia, dem islamischen Recht. Deswegen ist der Alltag in Syrien deutlich liberaler. Die Gläubigen müssen nicht fünfmal täglich beten. Auch erfordert der Glaube nicht, einmal im Leben die Hadsch, die Pilgerfahrt nach Mekka zu machen. Frauen dürfen in der Öffentlichkeit unverschleiert bleiben und vor allem: sie sind gleichberechtigt.

Diese Staatsreligion der Alawiten wird von den gläubigen syrischen Sunniten abgelehnt. Für sie sind die Assad-Anhänger Abweichler vom wahren sunnitischen Glauben.

Besonders suspekt ist den Sunniten die Ausgestaltung als Geheimreligion (vergleichbar mit dem Freimaurertum).

In die Seilschaft der Mächtigen im Land kommt man nicht einfach hinein. Dennoch ist der Assad-Clan in weiten Teilen der Bevölkerung beliebt, weil man von den Fesseln der Scharia frei ist. Die religiös Fernstehenden betrachten die Alawiten sozusagen als das kleinere Übel gegenüber einem strengeren Islam, wie ihn z.B. die Moslembrüder vertreten. Dennoch liegt in dieser Variante des Islam der Zündstoff, der zu den bürgerkriegsähnlichen Auseinandersetzungen in Syrien geführt hat. Im Westen nennt man es 'Bürgerkrieg'.

Diese Etikettierung ist eine Halbwahrheit, denn es handelt sich um einen Religionskrieg. Im Islam sind generell Staat und Religion nicht getrennt. Andersgläubige Muslime haben in Assads Staat nichts zu suchen. So werden Oppositionelle bombardiert, auch wenn diese als Bewohner des Landes einen syrischen Pass haben. Und Assad will seine alawitisch-muslimische Politik seinem Land erhalten und nicht die Macht mit strenggläubigen Sunniten teilen. Die Alawiten kämpfen gegen 'sunnitische Dschihadisten' nicht gegen ihre Landsleute. Aus syrischer Sicht sieht die politische-religiöse Lage anders aus, als durch die Brille der deutschen Grünen, die nicht müde werden, vom 'Krieg gegen die eigenen Landsleute' zu sprechen, wie Claudia Roth ständig hämmert. Dass es sich um religiöse Feinde handelt, hat Roth nie begriffen. Als willige Anhängerin des türkischen Islam erkennt sie auch nicht die liberale Prägung der Alawiten und tönt 'Assad muss weg'.

Assads Truppen kämpfen nicht nur gegen die syrische islamische Opposition, sondern auch gegen den Islamischen Staat, für den die willkürliche Grenzziehung der Siegermächte des ersten Weltkriegs ein Dorn im Auge ist.

Es bleibt abzuwarten, ob der alawitische Islam reformfähig sein kann, um Sunniten an der Macht teilnehmen zu lassen. Ein alawitisches Reformpapier aus jüngster Zeit lässt das erkennen.[4]
Westliche Medien neigen dazu nur das aufzugreifen, was den Sturz Assads herbeiführen könnte.
Der Hass des Westens, der den Sturz Assads fordert, ist nicht anders zu charakterisieren, als eine einseitige Einmischung in den innerislamischen Glaubenskrieg. Und das hat stets die Lage verschärft.

Der Islam des ISLAMISCHEN STAATES

Nach dem gewonnenen Irak-Krieg haben die USA die irakische Armee aufgelöst. Doch die alten Saddam-Offiziere bildeten ein Netzwerk, das sich der amerikanischen Kontrolle entzog.
Die einstigen militärischen Gegner kannten das Land bestens, waren kampferfahren, sie waren ausgebildet auf der Grundlage von Einschüchterung, Folter und Angst   in dem Saddam'schen

---

4   'Die Welt' hat es am 03.04.2016 veröffentlicht

Terrorregime. Ein Geschenk an den IS.

Der selbst ernannte Kalif Abu Bakr al-Baghdadi hat diese kampferprobten, beruflich alternativlosen Leute rekrutiert.

Der Islamische Staat orientiert sich am Vorbild des frühen Islam zu Zeiten Mohameds. Nur die Regeln des Koran und die Worte Mohameds gelten als prägend für das Land. Als Kalif Ibrahim möchte er die gesamte islamische Welt regieren - so sein militärisches Ziel.

Der Islam des selbst ernannten Kalifen besteht aus der Ideologie des 7. Jahrhunderts gepaart mit einer modernen Herrschaftsstruktur. Der Kalif selbst lebt im Verborgenen.

Er hat Stellvertreter in Syrien und im Irak, obwohl er die Grenzziehung der Kolonialmächte ablehnt. Anstelle staatlicher Ministerien hat der IS Resorts, die als Rat bezeichnet werden. So z.B. den Schura-Rat für die strenge Einhaltung des islamischen Rechts, der Scharia. Ein Geheimdienst-Rat sammelt Erkenntnisse über innere und äußere Feinde. Ein Medien-Rat koordiniert die Propaganda. Der wichtige Finanz-Rat verkauft Erdöl und kauft Waffen ein. Kurzum: Ein modernes Staatsmanagement, das Mohamed so nicht kannte, wird mit der Religion des 7. Jahrhunderts verbunden.

Der Krieg im Nahen Osten kann nur als innerislamischer Religionskrieg begriffen werden. Wie in jedem Religionskrieg sind die Ziele geprägt von wirtschaftlichen Interessen wie dem Kampf ums Öl. Angereichert wird der Konflikt von dem Imperialismus fremder Mächte, die den islamischen Gebieten ihre Vorstellung von 'Demokratie' aufdrängen wollen.

Demokratie sei das Heilmittel aller Konflikte ist eine der häufigsten Floskel westlicher und deutscher Politiker.

Der wahhabitische Islam

Scheich Mohammed Ibn Abdul Wahhab aus Riad hat im 18. Jahrhundert zu dem 'wahren Islam' gefunden. Nach seiner

Erkenntnis hatte der Islam zu viele fremde Elemente im Laufe der Geschichte aufgenommen. Als König Faisal 1932 das Königreich Saudi-Arabien ausrief, fühlte er sich der reinen Lehre des Wahhabismus verpflichtet. Die Reinhaltung des Islam verlangt es, dass fremde kulturelle Einflüsse von dem heiligen arabischen Boden ferngehalten werden.

Die Wahhabiten erklären jede andere Islam-Interpretation als Abweichlertum und die Schiiten sogar zu Nichtmuslimen. Die Bezeichnung 'Wahhabiten' wird nur von den Gegnern Saudi-Arabiens benutzt. Sie selbst bezeichnen sich als Sunniten.

Die umfassende Gültigkeit der Religion ist zwingend. Z.B. gibt es in Saudi-Arabien eine Religionspartei, die zu den Gebetszeiten alle Passanten auf der Straße zum Beten zwingt.

Nach alter Stammestradition darf die Frau nicht am öffentlichen Leben teilnehmen, was konkret heißt: sie darf nicht Auto fahren. Teilweise wird der Frau auch Gesang und Parfüm untersagt. Der Minirock ist sowieso verboten. Der Wahhabismus ist die derzeit strengste Form des Islam, und außer ihrer Interpretation wird kein anderer Islam anerkannt. Das Land ist abgeschirmt. Für eine Reise nach Saudi-Arabien braucht man ein Visum.

Es versteht sich von selbst, dass Saudi-Arabien keine Flüchtlinge aus dem syrisch-irakischen Raum aufnimmt.

Das sind Islamfeinde.

Saudi-arabische Flüchtlingshilfe sieht allerdings so aus, dass sie den Bau von Moscheen in Europa finanziert, um die Ausbreitung des Islam in Europa zu fördern. Und Geld hat Saudi-Arabien dank des Öls im Überfluss. Das ist Teil der Missionsarbeit aus der Zusage von 1979 (s.o.)

Saudi-Arabien ist ein Feind der Alawiten und möchte den Sturz Assads in Syrien lieber heute als morgen.

Der Schiitische Islam

Die Schiiten bilden eine eigene Konfession des Islam mit mehreren

Untergruppierungen. Ihre Abgrenzung erfolgte bald nach dem Tod Mohameds, als es einen heftigen Streit um die Nachfolge gab. Die Schiiten sind der Meinung, dass Mohamed bereits zu Lebzeiten den Imam Ali ibn Abi Talid - nachfolgend kurz Ali genannt – zu seinem Nachfolger bestimmt hat. Ali war mit Mohameds Tochter Fatima verheiratet. Gleich dem Propheten habe auch Ali Offenbarungen gehabt und verfüge damit über eine göttliche Legitimierung. Ali wurde tatsächlich zum vierten Kalif 656 in der Großen Moschee in Medina[5] proklamiert, nachdem der Vorgänger Kalif Uthman ermordet war. Die nachfolgenden Kalifen wurden von den Schiiten in ihrer Rechtmäßigkeit unterschiedlich anerkannt. Nur wer zur Schia Ali gehört, daher die Bezeichnung für die Schiiten, gilt als legitim. Alis Grabmoschee befindet sich in der Stadt Nadschaf im Irak, einer der sieben heiligen Städte des schiitischen Islam. Die Al-Mustafa-Universität in der heiligen Stadt Ghom im Iran ist das geistliche Zentrum für den schiitischen Anspruch, der ganzen Welt den wahren Glauben schiitischer Prägung zu bringen.

Problematisch ist der iranische Ableger in Deutschland. Von der deutschen Öffentlichkeit weitgehend unbeachtet wurde 2007 das Islamische Zentrum Hamburg, IZH, gegründet. Es wird direkt vom Iran aus gesteuert. Das IZH will die Ausbildung der Imame für Deutschland und die Qualifizierung der Lehrer, die an deutschen Schulen den Islam unterrichten sollen, in die Hand nehmen. Am IZH werden nicht-iranische Mullahs ausgebildet.
Hier droht eine Konfrontation mit dem türkischen DITIB, der das seinerseits für sich beansprucht.

Zu dem schiitischen Islam gehören weitere Gruppierungen.
  – Die *Ismailiten* leben in Pakistan, Afghanistan, Syrien. Ihr geistliches Oberhaupt ist der Aga Khan, der selbst in London

---

5 Die Prophetenmoschee Masjid-al-Nabawi in Medina ist die zweite heiligste Stätte des Islam neben Nr. 1 al-Haram in Mekka

lebt, und von dort aus sein Imperium leitet.

– *Aleviten* nennen sich die Schiiten in der Türkei. Achtung: Der Name darf nicht mit den Alawiten verwechselt werden, die unter Assad die führende Oberschicht in Damaskus darstellen.

Ein Spezifikum des schiitischen Islam ist der anti-zionistische Kampf. Diesen hatte Ayatollah Khomeini, der Gründer der Islamischen Republik Iran, zum Leitsatz erhoben und sein Nachfolger Ali Khamenei wiederholt ihn bis heute. Der Iran betrachtet das zionistische Regime in Israel als illegitim auf dem heiligen Boden des Islam. Die Eroberung von Jerusalem (arabisch: al Quds) ist ein erklärtes Ziel.

Zum Abschluss des Fastenmonat Ramadan feiern die Schiiten zu Ehren Jerusalems den al-Quds-Tag. Da hört man die Parolen 'Tod Israel' und 'Israel soll von der Landkarte verschwinden' u.ä. Der Iran verfügt über eigene militärische al-Quds-Brigaden.

Ein deutsches Standbein hat sich der Iran mit der 'Stiftung für Islamische Studien e.V. (SIS)' in Berlin geschaffen. Auf seiner Internetseite liest man zu den Zielen: 'Förderung des Dialogs der Weltreligionen', Vermittlung der Werte des Islams durch Bildungsangebote, Veröffentlichungen, Seminare u.a.

Der Jesuit Tobias Specker spricht von einer 'interreligiösen' Institution, wenn er die Verbreitung der schiitischen Ideen meint. Ist nicht gerade der Kampf um den 'wahren Islam' das Kernproblem des Religionskrieges? Soll Religionsstreit auf deutschem Boden ausgetragen werden wie einst der 30-jährige Krieg?

Die Ahmadiyya-Bewegung

Bei der Ahmadiyya-Bewegung – der vollständige Name lautet Ahmadiyya Muslim Jamaat" (AMJ) - handelt es sich um einen Reformversuch des Islam, der in Indien entstanden ist. Ihr Begründer und spirituelles Oberhaupt ist Mirza Ghulam Ahmad

(1835-1908). Er verstand sich als der verheißene Messias, der im Islam Mahdi genannt wird.

In Europa wurde er durch seine These bekannt, dass Jesus nicht am Kreuz in Jerusalem gestorben sei. Das Martyrium habe Jesus überlebt, sei nach Indien geflohen und dort im Alter von 120 Jahren gestorben. Sein Grab befinde sich in Srinagar.

Diese islamische Glaubensgemeinschaft ist in vielen Ländern aktiv, doch wird sie auch kritisch gesehen. Auf einer 'Konferenz der islamischen Organisationen' 1974 wurde die Ahmadiyya als eine abtrünnige Sekte erklärt. Bezeichnender Weise hat sie ihren Sitz 1984 von Pakistan nach London verlegt.

In Deutschland hat die sich selbst als „islamische Reformgemeinde" bezeichnende Organisation mit Sitz in Frankfurt nach eigenen Angabe 40.000 Mitglieder.

Sie ist in Hessen und Hamburg als Körperschaft des öffentlichen Rechts anerkannt. Damit hat sie den gleichen Status wie die evangelische und die katholische Kirche in Deutschland. Diese staatspolitische Anerkennung in Deutschland gelang deshalb, weil die Ahmadiyya-Glaubensgemeinschaft einen festen Mitgliederbestand hat. Das ist eine Bedingung dieser deutschen Vorschrift.

Mitglied als Ahmadi wird man durch ein Treuegelöbnis. Außerdem zahlen die Mitglieder einen monatlichen Beitrag. Diese beiden Punkte, Mitgliederbestand und monatliche Beiträge sind dem Islam sonst fremd. Doch diese Kriterien haben zur Anerkennung als Körperschaft des öffentlichen Rechts verholfen. Im Vollzug zahlt die Ahmadiyya-Bewegung keine Steuern an den deutschen Staat.

Die staatliche Rechtsaufsicht greift nicht in Religionsgemeinschaften ein, wie das auch für die christlichen Kirchen gilt.

Hessen hat der Ahmadiyya-Bewegung als erstes Bundesland 2013 den Status einer 'Körperschaft des öffentlichen Rechts' zugesprochen, d.h. die Religionspflege gilt als eine öffentliche Aufgabe. Eine Ahmadiyya-Gemeinde ist kein privatrechtlich eingetragener Verein. Die Verbreitung dieser islamischen Religionsrichtung (warum diese?) wird im Bundesland Hessen als öffentliche Aufgabe angesehen.

Das Land Hessen verkündete am 17. Dezember 2012, dass die Ahmadiyya Muslim Jamaat für Hessen der Partner für den Islamunterricht an den Schulen ist. STERN online titelt die religionsrechtliche Anerkennung am 18.12.2012 als 'historische Entscheidung' . Welche späteren Folgen wird es mit sich bringen, wenn sich ein deutsches Land eine problembehaftete Islam-Richtung zum Partner wählt?

Da sind künftige Konflikte mit anderen Islam-Richtungen vorprogrammiert!

Der Gründer Ahmad war ein Missionseiferer. Er war überzeugt, der Islam erobere die ganze Welt. Er beruft sich auf den Koran in Sure 30 Vers 57 der besagt, dass der Wiederaufstieg des Islam in unserer Zeit 'die vollständige Verdrängung des heutigen Christentums herbeiführen wird'. Seltsamer Weise haben die beiden christlichen Konfessionen nichts dagegen!

Der Interpretation des Islam seitens der Ahmadiyya-Gemeinde wird von anderen Richtungen des Islam nicht akzeptiert. In einige Ländern wird die Ahmadiyya-Bewegung verfolgt.

'Die Welt' titelte am 13.06.2013 'Der Islam gehört nun offiziell zu Deutschland' und führt aus:

'Kürzlich hat Abdullah Uwe Wagishauser, Vorsitzender der Ahmadiyya Gemeinde in Deutschland, von einem Mitarbeiter des hessischen Kultusministeriums eine Urkunde überreicht bekommen. Darin steht, dass die Religionsgemeinschaft "Ahmadiyya Muslim Jamaat" die Rechte einer Körperschaft des öffentlichen Rechts erhält. Was sich kompliziert anhört birgt Historisches: Die erste muslimische Gemeinde in Deutschland ist damit auf Augenhöhe mit den christlichen Kirchen und der Jüdischen Gemeinde. Sie darf eigene Friedhöfe errichten und kann den Staat damit beauftragen ihre Mitgliedsbeiträge einzuziehen. Dafür kämpfen viele muslimische Gemeinden in Deutschland seit Jahren. Nun ist die erste anerkannt – und der Islam gehört ab sofort also auch ganz offiziell zu Deutschland.'

'Die hessische Kultusministerin Nicola Beer (FDP) will zur Anerkennung der Ahmadiyya-Gemeinde keine Stellungnahme abgeben. Aus dem Ministerium hört man, das Ganze sei schließlich ein reiner Verwaltungsakt, in dem es keinerlei Ermessensspielraum gegeben habe.'

Der Körperschaftsstatus verleiht den Ahmadiyyas nun einige Vorteile. Wenn z. B. künftig in Hessen ein neues Wohngebiet entsteht, muss die jeweilige Gemeinde einen Platz für eine Moschee freihalten, um nur ein Beispiel unter den vielen Rechten zu nennen.

Und auch sonst macht diese Religionsrichtung Furore. Am 04.09.2016 kamen 40.000 Teilnehmer bei einem Treffen der Ahmadiyya Muslim Jamaat in Rheinstetten bei Karlsruhe zusammen. Nach Angaben der Polizei blieb es dabei friedlich.

Die Aleviten

Zur Beachtung: Nicht mit den Alawiten zu verwechseln,
dazu s.o. unter 'Syrischer Islam'.
Etwa 20% der türkischen Bevölkerung gehören der alevitischen Glaubensrichtung an. Bei den bei uns lebenden Türken dürfte der Anteil ähnlich groß sein.

In die Aleviten-Gemeinschaft wird man hineingeboren.

Eine Heirat außerhalb der Gemeinschaft lehnt die Religion ab.

Den traditionellen muslimischen Riten stehen sie locker und gelassen gegenüber. Als religiöses Hauptfest feiern sie den Cem im Andenken an die Himmelfahrt Mohameds. Das Fest wird nachts gefeiert, mit alkoholischen Getränken (was sonst häufig im Islam verboten ist), mit Singen und Tanzen und die Frauen tragen kein Kopftuch (was sonst im Islam vorgeschrieben ist). Das Fest ist ein

Stück Heiratsmarkt für diese Religionsgemeinde in der nur Gleichgesinnte geheiratet werden dürfen.

Die Aleviten haben ein ambivalentes Verhältnis zu den türkischen Sunniten. Sie waren begeisterte Anhänger Atatürks. Bis heute wollen sie kulturelle und religiöse Freiheit, Emanzipation und Liberalität. Dem gegenwärtigen Wiedererwachen des Islam unter Recep Erdogan stehen sie misstrauisch gegenüber. Die Sunniten betrachten sie nur als Gefolgsleute des arabischen Islam.

Als Flüchtlinge oder Eingebürgerte werden die Aleviten mit den andersartigen kulturellen Verhältnissen in Deutschland die wenigsten Probleme haben.

Der pakistanische Islam

Der pakistanische Islam hat seine theologische Prägung durch das Nebeneinander, Rivalität oder Kontroverse, aber auch gegenseitiger Durchdringung mit dem Hinduismus erfahren.

Der religiöse Konflikt auf dem indischen Subkontinent hat im Ergebnis zu einer Zwei-Staaten-Lösung geführt: Wer islamisch leben will, kann nach Pakistan ziehen.

In Indien gelten die Regeln des Hinduismus.

In keinem anderen islamischen Land ist der Sufismus, also die islamische Mystik, so stark ausgeprägt wie in Pakistan. Die vermeintlichen Hüter des wahren Islam, die saudi-arabischen Wahhabiten, werfen ihnen vor, mit ihrem Heiligen- und Gräberkult zur Vielgötterei zurückgekehrt zu sein. Diese hatte Mohamed in Mekka entschieden bekämpft. Die Orthodoxie des Islam geht mit der pakistanischen Variante hart ins Gericht. Die Konkurrenz von Sufismus und Salafismus hat Tradition.

Der Imam Wahhab verwüstete die Gräber der sufischen Heiligen. Heute hat der IS die Aufgabe übernommen mit Bombenattentaten in Pakistan.

Den Einfluss des Sufismus attackiert der türkische Präsident Recep Erdogan an seinem einstigen Weggefährten und heute erbittertem

Feind, Fethullah Gülen. Dieser habe den Naqschbandia-Orden des Scheich Nazim (Sufis) bei seinem Staatsstreich in der Türkei eingesetzt.

Der afghanische Islam

Mohameds großes Verdienst für die arabische Halbinsel war die Vereinigung der Familienclans zu einer Nation. Afghanistan verharrt noch in einem 'Vor-Mohamed-Zeitalter'. Die Sowjetunion wollte dem Land eine bessere Zukunft nach kommunistischer Art aufoktroyieren. Das ist gescheitert. Nach den Anschlägen des 11. September 2001 in New York wollten die USA das al-Quaida-Nest Bin Ladens liquidieren. Auch die USA sind in Afghanistan gescheitert. Als Nachfolger sollte u.a. die deutsche Bundeswehr das Land zur Demokratie nach westlichem Vorbild führen. Auch Frau von der Leyens Besuche brachten keinen Erfolg, weder militärisch noch politisch, wenngleich die offizielle Politik sich das schön redet. Man muss Afghanistan als das rückständigste islamische Land einstufen. Für Flüchtlinge, die in Europa gelandet sind, besteht ein besonders großer Kulturschock.

Der 'Euro-Islam'

Diese Richtung gibt es nicht. Sie ist akademisch, existiert nur auf dem Papier. Sie ist Wunschdenken. Bassam Tibi von der Universität Göttingen hat den Begriff eingeführt.
Er beinhaltet die Forderung, dass die Prinzipien des Islam eine Ehe eingehen sollen mit den Werten der europäischen Kultur. Dazu sollen Staat und Religion getrennt werden. Doch das widerspricht fundamental dem Islam. Islamische Religion ist zugleich staatliche Politik.
Wenn eine Minderheit der Muslime in Europa so liberal ist, dass eine solche Synthese möglich wäre, ist damit dennoch der Euro-Islam noch nicht aus der Taufe gehoben. Die bedeutenden Staaten des

Islam werden es sich nicht aus der Hand nehmen lassen, zu prägen und zu bestimmen was Islam ist. Eine Bevormundung aus Europa kann keine islamische Richtung akzeptieren.

Der Weltatlas zählt 57 Staaten auf, die irgendeine Form des Islam als Staatsgesetz haben. In diesen Ländern gehören mehr als 50% der Bevölkerung irgendeinem islamischen Glauben an.

Teil III Islam und Deutschland

Der ehemalige Bundespräsident Christian Wulff hat den Satz 'Der Islam gehört zu Deutschland' so gebraucht, als sei es eine Feststellung. Auch die Bundeskanzlerin Merkel hat den Satz wiederholt. Es kann sich dabei nicht um ein Faktum handeln, weil es den Islam als einheitliches Gebilde gar nicht gibt, wie aus der Betrachtung der einzelnen Richtungen ersichtlich ist.

Ist der Satz aus hochrangigem Mund ahnungslos, provokativ, situativ zu verstehen? In jedem Fall ist er inhaltsleer, weil er gar nicht sagt, um welchen Islam es sich dabei handelt. Doch wenn der Satz von einer Regierung zu hören ist, klingt es dahingehend programmatisch, das man sich künftig mehr für islamische Belange einsetzen will. Das bringt die große Gefahr für Deutschland mit sich, in innerislamische kriegerische Auseinandersetzungen hineingezogen zu werden. Man muss die Realität sehen: **Warum herrscht denn Krieg im Nahen Osten?**

Auf der Grundlage der Einschätzung von Religionsfreiheit interessiert sich die deutsche Öffentlichkeit kaum für Religion. Auch die deutschen Politiker verfolgen kaum, welche missionarischen Impulse von islamischen Ländern nach Deutschland getragen werden. Das ist ein gefährliches Wegsehen, bedenkt man, dass überhaupt erst der Streit um den religiösen Führungsanspruch im Islam zu dem Krieg im Nahen Osten geführt hat. **Ohne Einbeziehung des Faktor 'Religion' ist der gegenwärtige Krieg nicht zu verstehen.** Zwar sind bei einem Religionskrieg stets wirtschaftliche, nationale, völkische Faktoren im Spiel, auch der Machthunger einzelner Herrscher und Gruppen u.a.m.

Deutschland hat in den zurückliegenden Jahrhunderten leidvoll unter Religionskriegen gelitten. So etwas soll sich nicht wiederholen! Rainer Hermann formuliert unter dem Titel 'Endstation islamischer Staat?'den Vergleich zu den Religionskriegen in Deutschland. Er sieht „Parallelen zum Dreißigjährigen Krieg in Europa. Wie damals in Europa vermischen sich heute in der arabischen Welt das Streben nach politischer Macht, die Dominanz von Glaubensfragen und die Bereitschaft zu Gewalt zu einem toxischen Gebräu. Niemand weiß, wann dieser 'Dreißigjährige Krieg', der erst begonnen hat, enden wird. Und er reicht bereits weit in unsere Gesellschaften hinein."

Deutscher Islam?

Die politische Zielrichtung der Grünen fordert einen eigenen deutschen Islam als bestes Mittel zur Integration. Wie blind für religiöse Realität ist ein solches Ansinnen. Der Streit um den wahren und richtigen Islam ist doch der Grund für das Zerwürfnis zwischen Teheran, Bagdad, Istanbul, Damaskus und Riad, um nur die bedeutendsten zu nennen. Muss sich denn eine deutsche Islam-Universität in Hamburg, Köln, Duisburg oder Berlin zur Zielscheibe machen? Die Gefahr ist groß, dass irgendeine der og. Islamrichtungen den deutschen Islam als abtrünnigen Islam einstuft und ihn bekämpft.
Wer bestimmt denn im deutschen Islam, was die reine Lehre im Sinne Mohameds ist? Die Türkei-hörige Claudia Roth oder Katrin Göring-Eckard mit einem abgebrochenen Theologiestudium? Bei alledem kommt noch hinzu, dass der wahre Islam nur in der arabischen Sprache gefunden wird. Eine Übersetzung in eine andere Sprache ist nicht zulässig.
Dieses Geschäft, über die wahre Lehre zu wachen, sehen die alten Universitäten Al-Azhar in Kairo, oder in Saudi-Arabien als Hüter

der heiligen Stätten, die schiitischen Imame Irans, die Imam-Muhammad-bin-Saud-Islamic-University der Wahhabiten in Riad oder die Alawiten in Damaskus, ja selbst der Islamische Staat, und allen voran mit Blick auf Deutschland ein Herr Erdogan als ihre ureigene Sache an. Sie können keine deutsche Besserwisserei in Sachen Islam dulden!

Wer in der Nähe eines solchen geplanten deutschen islamischen Religionszentrums sein Anwesen hat, wird in Zukunft gefährlich leben. Im Bild ausgedrückt: Ein 'Raketchen' könnte aus jeder Richtung kommen.

Reicht es nicht so schon, dass der Herrscher am Bosporus die für ihn feindliche Gülen-Bewegung in Deutschland liquidieren will? Sein Geheimdienst spioniert die religiösen Feinde aus. Mit anderen Religionsgruppen geht man nicht 'demokratisch' um. Wer anders argumentiert hat den Religionskrieg im Orient nicht verstanden.

Erdogan will auch keinen deutschen Islam. Er möchte den türkischen Islam als den einzig wahren in Deutschland umfassend bestimmen und fest im Griff haben. Dafür sind die Grünen-Politiker seine besten Gehilfen, auch wenn sich Özdemir vehement wehrt, mit Erdogan in einem Zug genannt zu werden.

Eine Zwischenbilanz

- Unsere Politiker haben keinen Instinkt für die Gefahren für Deutschland, die von den verfeindeten islamischen Richtungen ausgehen. Sorglos holen sie 'Flüchtlinge' und dann noch deren Familiennachzug ins Land. Angesichts der kriegerischen Auffächerung gilt praktisch jeder irgendwo als politisch-religiös Verfolgter.
- Deutschland als Gesetzgeber ist offensichtlich außerstande, den vorgeschichtlichen Asylparagrafen an die veränderten

Verhältnisse in der Jetztzeit anzupassen.

- Merkels Asyl-Ideologie ist ebenso anachronistisch wie der muslimische Fanatismus, der in der heutigen Zeit ein Gemeinwesen nach Mohameds Regeln des 7.Jahrhunderts schaffen will.
- Von den innenpolitisch Verantwortlichen wird die Gefahr ignoriert, die von ungehemmter Agitation seitens in Deutschland bestehender Islameinrichtungen ausgeht. Eine politische Forderung, Deutschland brauche ein Islamgesetz (welches denn?), kann man nur als Verkennung und realitätsfremd bezeichnen.

Öffentlich-rechtlicher Religionsstatus für den Islam?

Vertreter des Islam versuchen vom deutschen Staat in gleicher Weise anerkannt zu werden, wie es die christlichen Kirchen sind.
Sie streben einen Staatsvertrag an.
Für die deutsche Kommunalpolitik geht es konkret um die Anerkennung islamischer Gruppen durch einen Staatsvertrag und damit verbunden als anerkannte Körperschaft des öffentlichen Rechts. Man will das gleiche Privileg, wie es die Kirchen in Deutschland genießen.
Das würde weitreichende gesellschaftliche Rechte dem islamischen Vertragspartner einräumen: Man bleibt finanziell ohne staatliche Aufsicht, man kann im eigenen religiösen Bereich seine eigenen Gesetze formulieren (wie es die Kirchen seit langem ausnutzen). Die öffentliche Mitsprache reicht bis in die Aufsichtsgremien in Rundfunk und Fernsehen. Man kann sich Sendezeiten für Islamsendungen in Arabisch im deutschen Fernsehen reservieren! Die Mitsprache richtet sich in erster Linie auf den Religionsunterricht in den Schulen. Aber auch bei der Planung eines Neubaugebiets in den Städten wird sich die islamische Gruppierung ein attraktives Plätzchen für den Bau einer Moschee reservieren. Saudi-Arabien hat Europa wissen lassen, dass man den Bau von

Moscheen finanziell übernimmt. Und auch bei der Friedhofsgestaltung macht der Islam seine Ansprüche geltend.

Wie weit darf das öffentlichen Leben vom Islam mitgestaltet sein? Die Bundeskanzlerin hatte gesagt, die Flüchtlinge werden unser Land verändern. Aber will die Mehrheit der Deutschen das überhaupt? Verträgt sich eine solche Veränderung mit der gewachsenen deutschen Kultur, um de Maizière's Reizwort von der deutschen Leitkultur zu meiden?
Um sicher zu gehen, wurde der deutsche Wähler nicht gefragt.

Die Lebensregeln, die auf Mohamed aus dem 7. Jahrhundert zurückgehen, sollen im Folgenden skizziert werden. Wie sehen die Lebensgewohnheiten in islamischen Ländern aus?
Im Anschluss muss gefragt werden, wie diese mit dem deutschen Grundgesetz harmonieren können?

Teil IV: Islamische Lebensregeln

Im Islam sind Religion und Staat nicht zu trennen. Es gibt nicht einen kultischen Raum neben dem Staat. Politik ist auf die Gesamtheit des Volkes bezogen und zugleich Vollzug des göttlichen Willens. Daneben gibt es keine Kirche mit komplizierten Glaubenssätzen.
Die Muslime vollziehen ihren Glauben - ohne dass es eines Staatsvertrages bedarf – durch Einhaltung von fünf Säulen.
- (1) Schahada   - Glaubensbekenntnis
- (2) Salat   - tägliches Pflichtgebet
- (3) Zakad   - Almosen für Bedürftige
- (4) Saum   - Fasten im Ramadan
- (5) Haddsch   - Wallfahrt nach Mekka

Der Name „Islam" bedeutet Unterwerfung.
Ein „Moslem" ist derjenige, der sich unterwirft.

1)   Die erste Säule ist das Glaubensbekenntnis des Islam: aschhadu al-la ilaha illa-Llah, wa schhadu anna muhammad ar-rasul Allah. (Ich bekenne es gibt keinen Gott außer Allah und Mohamed ist der Prophet Allahs). Der Engel Gabriel hat zu Mohamed die Schahada gesagt. Wenn jemand Muslim werden will, muss er dieses Bekenntnis vor zwei Zeugen sprechen, dann ist er Muslim. Eine Eintragung in irgendein Kirchenbuch erfolgt nicht. Der Islam kennt keine ähnliche Struktur wie bei den Kirchen.

Die Glaubensformel Schahada wird auch bei anderen Gelegenheiten abgekürzt verwendet. Der Vater flüstert es seinem Kind ins Ohr. Dem Sterbenden spricht man die Glaubenssätze noch auf dem Todeslager zu, damit er im Jenseits die richtigen Antworten weiß: Wer ist Gott? Allah .

Deine Religion? Der Islam.

Wer ist der Prophet? Mohammed.

Muhamads Zeit war eine Zeit des Analphabetismus. Ein so einfaches Glaubensbekenntnis war für jeden zu verstehen.

2) Die zweite Säule ist das Gebet. Eine Religion muss jeden Tag aktiv sein. Der Gläubige muss täglich fünf mal mit Blick auf das Heiligtum in Mekka beten. Der Gebetsblick des gläubigen Juden in Richtung Jerusalem war Mohammed vertraut. Er ändert für seine Gläubigen die Himmelsrichtung. Qibla heißt 'in Richtung Mekka'. Die qibla-Wand in einer Moschee ist nach Mekka ausgerichtet, zumeist durch eine halbkreisförmige Nische erkennbar. Zu dieser Gebetsnische, mihrab, soll der Gläubige den Blick richten. Der Aufruf zum Gebet erfolgt durch den Muezzin. Vom Minarett hört man ihn nachhaltig über die Dächer einer Stadt. Im elektronischen Zeitalter erinnert eine App im Handy an den Zeitpunkt für das fällige Gebet.

Zum Gebet gehört eine besondere Körperhaltung, raka, die Verbeugung. Der Betende kniet auf den Gebetsteppich nieder und zieht die Schuhe aus. Die Stirn und beide Handflächen müssen den Boden berühren. Wenn mehrere Muslime gemeinsam beten, stellt man sich geordnet in Reihen auf. Ein Vorbeter steht vor ihnen, der Imam.

Neben dem täglichen Gebet hat das Freitagsgebet, die dschuma, besondere Bedeutung. Die Gläubigen versammeln sich in einer Moschee. Diese ist ein eher schmuckloser Versammlungsraum, indem es keine Bilder oder farbige Glasfenster gibt. Der Imam hält von einem Pult aus oder der Kanzel neben der Gebetsnische eine Predigt, khutba. Eine Überwachung der Predigten gibt es auch in muslimischen Staaten, damit die reine Lehre gewahrt bleibt. Doch vor allem weiß man um die Gefahr, dass staatsfeindliche oder aufrührerische Parolen ausgegeben werden könnten.

Besondere Moscheen zeichnen sich durch herausragende Architektur aus und haben ein Minarett.

3) Die dritte Säule hat einen zeitgeschichtlichen Hintergrund. Zu Mohameds Zeit ist Arabien bitterarm. Eine gerechtere Verteilung der Nahrung wird zur religiösen Chefsache. Das Gedankengut stammt von Johannes dem Täufer. Dessen Predigt entstammt der Satz: 'Wer zwei Hemden hat, soll dem eins geben, der keines hat. Und wer etwas zu essen hat, soll es mit anderen teilen'. Es ist ein Gottesgebot, den Armen etwas abzugeben ('Almosen'). In der Bildersprache des Koran gleicht dieses Handeln einem Samenkorn, das sieben Ähren treibt und in jeder Ähre 100 Körner hat.

Der Fiskus in islamischen Ländern erhebt 2,5% des Einkommens. Im Vergleich war der 'Kirchenzehnte', also 10% für den christlichen Staat, schon 4-fach teurer. Der heutige Finanzminister des Christlich-Demokratischen Staates langt viel unverschämter hin.

4) Die vierte Säule kennt man aus dem jüdisch-christlichen Brauchtum, das Fasten. Der Islam übernimmt es und weitet es zum Fastenmonat Ramadan aus. Durch Fasten kann der Muslim die Entbehrungen erfahren, unter denen die Armen immer leiden. Das Fasten gilt den ganzen Tag über, nicht essen, trinken, rauchen,

keinen Geschlechtsverkehr. Es beginnt, wenn 'in der Morgendämmerung der weiße Faden vom schwarzen zu unterscheiden ist' und dauert von da an bis zum Einbruch der Nacht. Für viele Moslems ist die Einhaltung des Fastens diejenige Forderung, die sie am gewissenhaftesten erfüllen. Wenn der Monat Ramadan vorbei ist, wird das 'Fest des Fastenbrechens' ausgiebig gefeiert. Man macht sich gegenseitig Geschenke, isst und trinkt üppig, leistet aber auch eine zusätzliche Spende an die Armen. Ein allgemeines Speiseverbot wurde aus dem Judentum übernommen: Schweinefleisch zu essen, ist auch den Moslems untersagt.

5) Die fünfte Säule betrifft eine Wallfahrt nach Mekka. Der Hadsch ist das große Ziel im Leben eines Moslems, einmal im Leben nach Mekka zu reisen, der heiligen Stadt des Propheten. In Zeiten der großen Zunahme der Erdbevölkerung, besonders auch in der islamischen Welt, stellt der Hadsch die saudische Regierung vor eine logistische Herausforderung. Das Gedränge bei der Umrundung des 'Schwarzen Steins' fordert alljährlich Todesopfer. Nichtmuslime gelten als unrein und dürfen nicht an der Hadsch teilnehmen. Dieses große touristische Ziel des Hadsch eint die Muslime wie eine Familie. Das Land der Herkunft spielt keine Rolle. Alle tragen das gleiche weiße Gewand ohne Saum, es ist kein Unterschied zwischen Mann und Frau, es gibt keine Schranke von Rasse oder Nationalität, nur die der Religion.
Der Hadsch ist eine große Glaubensgemeinschaft.

Teil V: Grundgesetz und Religionsausübung

Das Grundgesetz für die Bundesrepublik Deutschland besagt in Artikel 4
(1) Die Freiheit des Glaubens, des Gewissens und die Freiheit des religiösen und weltanschaulichen Bekenntnisses sind unverletzlich.
(2) Die ungestörte Religionsausübung wird gewährleistet.

(3) Niemand darf gegen sein Gewissen zum Kriegsdienst mit der Waffe gezwungen werden. Das Nähere regelt ein Bundesgesetz. Die Freiheit des Glaubens (1) ist ein individuelles Recht. Ich kann glauben, an welchen Gott ich will oder auch an keinen. Das kann ich frei und öffentlich bekennen. Die ungestörte Religionsausübung (2) hingegen ist an Bedingungen gebunden. Karl Albrecht Schachtschneider, Verfassungsrechtler, urteilt so: - wegen der Länge gekürzt -

„Der Islam ist nicht nur Glaube, sondern für den Gläubigen auch Recht. Das höchste Gesetz ist die in dem Koran und der koranischen Tradition gründende Scharia, die, von Allah für die ganze Menschheit herabgesandt, von Muslimen nicht missachtet werden darf. Jede Politik muss mit diesem Gesetz Gottes übereinstimmen.

Darüber wachen alle Muslime, jeder einzeln und alle zusammen, die Umma, vor allem die theologischen Rechtsgelehrten. Das islamische Gemeinwesen ist ein Gottesstaat.

Diese Islamisierung wird wegen einer Religionsfreiheit nicht nur von Bund und Ländern hingenommen, sondern von weiten Teilen der Gesellschaft, vor allem von Kirchen, Medien und Parteien, eifrig gefördert; denn Deutschland will als Hort der Menschenrechte der Welt ein Vorbild sein. Eine derart weitgehende Religionsfreiheit gibt es aber weder als Menschenrecht noch als Grundrecht.

Dadurch wandelt das Gericht die Grundrechte, welche die religiöse Welt schützen, in ein Grundrecht der politischen Welt. Die vermeintliche Religionsfreiheit wird zur stärksten politischen Bastion des Islam.

Das Gegenteil dieser Praxis und Lehre ist die Rechtslage. Die Religionsgrundrechte geben keine politischen Rechte.

Aber Religionen dürfen auf das politische Leben keinen Einfluß gewinnen. Mehr als ihre Duldung, die Toleranz des Staates und der Bürger, können sie nicht beanspruchen. Nicht nur der Staat hat den Religionen gegenüber Neutralität zu wahren, sondern auch die Gläubigen dem Staat gegenüber. Die Bekenntnisfreiheit ist vielleicht das wichtigste Menschenrecht, aber es gibt keinerlei politische Rechte. Ein religiöses Handlungsrecht im privaten und öffentlichen Bereich räumt Art. 4 Abs. 2 GG ein, die Gewährleistung der ungestörten Religionsausübung. Dieses Grundrecht, das Kultus, Diakonie oder Caritas, Religionsunterricht und anderes schützt, steht ausweislich Art. 136 Abs. 1 WRV, der durch Art. 140 GG in das Grundgesetz inkorporiert ist, unter dem Vorrang „der bürgerlichen und staatsbürgerlichen Rechte und Pflichten", also der Gesetze. Dieser Vorrang ist für den republikanischen Religionspluralismus zwingend. Er begrenzt das durch Art. 4 Abs. 2 GG gewährleistete Recht zur Religionsausübung. Dieses ist kein Recht, Bürger oder Staat mit religiösen Maximen einzuschränken, kein Recht zur Politik.

Nur im Rahmen der Gesetze des Staates darf der Gläubige religiös handeln und die allgemeine Gesetzgebungshoheit des Staates wird durch die Religionsgrundrechte nicht beschränkt.

Das Religiöse ist aber privat und nicht staatlich. Privatheit und Öffentlichkeit sind kein Widerspruch. Wer somit eine Politik durchsetzen will, kann sich nicht auf die Religionsgrundrechte berufen.

Gebote oder Verbote von Religionen, die unterschiedliche Lebensordnungen mit höchster, nämlich göttlicher, Verbindlichkeit verbinden, sind wegen des Religionspluralismus als Maximen der Politik ungeeignet. Sie können schon deswegen nicht zum Konsens führen, weil sie aus einer Schrift abgeleitet werden, die nicht für alle Bürger heilig ist.

Der Glauben hat nicht die weltliche Wahrheit zum Gegenstand und vermag darum zum richtigen Gesetz für die Welt nichts beizutragen.

Der Islam ist mit der freiheitlichen demokratischen Grundordnung unvereinbar. Er verlangt nach dem Gottesstaat. Jede Herrschaft von Menschen über Menschen ist durch Allah befohlen. Demokratie, Gewaltenteilung, Opposition sind dem Islam wesensfremd. Die Menschenrechte stehen in der islamischen Gemeinschaft unter dem Vorbehalt der Scharia.

Der Schutz aus Art. 4 Abs. 2 GG, die Gewährleistung der ungestörten Religionsausübung, setzt die nachhaltige Säkularisation der Gläubigen und ihrer Gemeinschaften voraus.

Wer die islamische Scharia in Deutschland einführen will, unternimmt es, die grundgesetzliche Ordnung zu beseitigen."
Ausführlich dargestellt in dem Buch 'Grenzen der Religionsfreiheit am Beispiel des Islam'.

Menschenrechte im Islam

Bei der Aufnahme der 'Flüchtlinge' in Deutschland spielte der Verweis auf die Menschenrechte eine große Rolle. Nicht nur die Grünen wussten damit lautstark zu argumentieren. Doch welche Menschenrechte stehen den Flüchtlingen zu?

Wenn in der gegenwärtigen Diskussion von Menschenrechten gesprochen wird, denkt jeder an die Menschenrechtserklärung der UNO von 1948. Was man nicht weiß: Die islamischen Staaten haben 1990 in Kairo ihr eigenes Verständnis von Menschenrechten erklärt.

Es ist die 'Kairoer Erklärung der Menschenrechte im Islam'.
Hier ist die Scharia das oberste Gesetz. In Artikel 2 heißt es: 'Jeder Staat ist verpflichtet, das Recht auf körperliche Unversehrtheit zu schützen, außer wenn ein von der Scharia vorgeschriebener Grund vorliegt.' Für islamische Strafen wie Peitschenhiebe, Abtrennen von Körperteilen u.a. gilt keine körperliche Unversehrtheit! Diese Hudud[6]-Strafen sind nicht nur erlaubt, sondern vorgeschrieben. Hand-abschlagen z.B. ist ein Menschenrecht! Auf die Einhaltung wird zwar weniger der Verurteilte pochen, jedoch die Kläger.

Die 'Kairoer Erklärung der Menschenrechte im Islam' haben
45 Außenminister arabischer Staaten unterzeichnet.
Nach Artikel 6 und 7 haben Männer und Frauen nicht die gleichen Rechte.
Art. 24: Alle Rechte und Freiheiten, die in dieser Erklärung genannt wurden, unterstehen der islamischen Scharia.

---

6   Auch als Hadd- Strafen bekannt

Art. 25: Die islamische Scharia ist die einzig zuständige Quelle für die Auslegung oder Erklärung jedes einzelnen Artikels dieser Erklärung.

Das formale Problem dabei ist, dass die Scharia niemals eindeutig kodifiziert wurde.

Die Menschenrechtscharta der UNO sieht vor, in andern Ländern Asyl vor Verfolgung zu suchen. Bei einem religiösen Verstoß wird in arabischen Ländern kein Asyl gewährt.

Ein Dilemma für Menschenrechtsaktivisten.

Wenn deutsche Politiker meinen, Menschenrechte für die Flüchtlinge einfordern zu müssen, holen sie die Scharia ins Land.

Teil VI: Die Haltung der Kirchen zum Islam

Katholische Kirche und Islam

Auf dem II. Vatikanischen Konzil (1962-1965) hat die Katholische Kirche ihrer Theologie eine entscheidende Richtungswende verpasst: der islamische Allah wurde als identisch mit dem dreieinigen Gott der Christenheit erklärt. („Nostra aetate" und „Lumen gentium"). Ein absolutes Novum. Das war eine Kehrtwende gegenüber all den früheren Jahrhunderten christlicher Kirchengeschichte.

Papst Johannes XXIII. hatte das II. Vatikanische Konzil angeregt und einberufen. Ihm ging es in erster Linie um ein neues theologisches Verständnis in Bezug auf Israel. Er litt unter großer Schuld gegenüber den Juden angesichts der zurückliegenden Gräueltaten. Sein inbrünstiges Gebet lautete: 'Vergib uns die Verfluchung, die wir in deinem Namen über die Juden aussprachen.' Johannes XXIII. schied 1963 aus dem Leben. Sein Nachfolger wurde Johannes Paul II. der bisherige polnische Kardinal Karol Wojtyla. Einmal auf Versöhnungs-Tour mit anderen Religionen etikettierte das II.

Vatikanische Konzil Allah zum gleichen Erschaffer der Welt, wie es im christlichen Bekenntnis der eigene Gott ist. Von dem großen alten Kirchenvater Augustin bis hin zu Luther und der Gegenreformation der Jesuiten wurde das ganz anders gesehen. Man kann von einer theologischen Revolution sprechen, die sich auf diesem Konzil vollzogen hat.

Die Identität von Allah mit dem Gott der Christenheit wurde zur verbindlichen Lehre der katholischen Kirche erklärt!

Papst Johannes Paul II. hat an diesem Konzilsbeschluss stets festgehalten. Als besonders spektakulär hat die Öffentlichkeit eine Rede des Papstes im Sportstadion von Casablanca in Marokko empfunden. Dort waren am 20. August 1985   mehr als 100.000 Menschen muslimischen Glaubens versammelt. Der Papst rief ihnen zu, ich komme als Glaubender zu euch, wir glauben an denselben, den einzigen Gott.

Das II. Vatikanische Konzil hat die Katholische Kirche verändert. Diese Wendung hat Papst Benedikt XVI. besiegelt, indem er seinen Vorgänger Papst Johannes Paul II. am 1. Mai 2011 selig gesprochen hat.

Der Vatikan buhlt um ein gutes Verhältnis zu den islamischen Ländern. Johannes Paul II. hat als erster Papst im Mai 2001 zusammen mit Moslems in der Umayyaden-Moschee in Damaskus gebetet.

Die Deutsche Bischofskonferenz bekennt sich 2003 in ihrer Arbeitshilfe „Christen und Muslime in Deutschland" dazu:

„Christentum und Islam stellen zwei verschiedene Zugänge zu demselben Gott dar".

Helmut Zott urteilt: 'Im II.Vatikanische Konzil verband sich die Katholische Kirche mit dem Islam und knüpfte am islamischen Allah an, indem sie die Identität von Allah mit dem Gott der Christenheit zur verbindlichen Lehre erklärte, was man nur als Geistesverirrung, Verblendung und Jahrtausendirrtum bezeichnen kann...Sie wird durch diesen fundamentalen Irrtum zum Steigbügelhalter für die

Machentfaltung des Islams, und sie wird im Rahmen der Machtergreifung des Islams schließlich an dieser Verbindung selbst und mit ihr das christliche Abendland zu Grunde gehen.'[7]

Evangelische Kirche und Islam

Der Rat der Evangelischen Kirche hat seine Stellungnahme in Form einer 'Handreichung' vorgelegt.[8] Die evangelische Kirche knüpft an Art.4 GG (2) an, 'Die ungestörte Religionsausübung wird gewährleistet' und folgert daraus: *'Die Religionsfreiheit als kollektives Grundrecht ist nicht auf die christlichen Kirchen beschränkt, sondern steht allen – und damit auch den unterschiedlichen islamischen Religionsgemeinschaften zu.'*

Gleichzeitig schränkt die Kirche ein: *'Dennoch ist auch die Religionsfreiheit nicht unbegrenzt.'*(32) Als rote Linie gilt für die Evangelische Kirche: *'Die Religionsfreiheit der Muslime erstreckt sich nicht auf die Anwendbarkeit islamischen Rechts (Scharia). Die Rechtsordnung des freiheitlichen demokratischen Rechtsstaates der Bundesrepublik Deutschland ist für die hier lebenden Muslime verbindlich.'* (32) Ist das nicht die Quadratur des Kreises?

Die Kirche ignoriert den islamischen Religionsbegriff, der keine Trennung zwischen Staat und Religion kennt. Im Islam wird das staatliche Leben stets von der Religion bestimmt.

Die Handreichung kommt dem islamischen Verständnis ein Stück weit entgegen indem sie ausführt: *'Religionsausübung ist nach dem Willen des Grundgesetzes nicht bloße Privatangelegenheit des Einzelnen. Das Grundgesetz anerkennt vielmehr ausdrücklich die besondere Bedeutung der Religion für das öffentliche Leben.'* (33) *'Die islamischen Religionsgemeinschaften haben dieselben Teilhaberechte am öffentlichen*

---

7 Conservo.wordpresscom 23.07.2016

8 Zusammenleben mit Muslimen in Deutschland. Eine   Handreichung des Rates der Evangelischen Kirche in Deutschland." 2000 ekd.de/Glauben

Leben wie die christlichen Kirchen' *(34)* Sowohl der Islam wie auch die Evangelische Kirche beanspruchen, das öffentliche Leben zu prägen.

Gibt es da keine Interessen-Konflikte? Seit dem Augsburger Religionsfrieden hat die Katholische Kirche in katholischen Landen das öffentliche Leben geprägt. Gleiches galt für die protestantischen Kirchen in evangelischen Ländern. Wer regelt denn in Zukunft das Hand-in-Hand-Gehen mit verschiedenen Islam-Richtungen? Der Islam könnte ein Gesetz initiieren, dass im Fastenmonat Ramadan alle Gaststätten von Sonnenaufgang bis -untergang geschlossen bleiben müssen. Frau Käßmann könnte zustimmen, dann müssen die Leute als Ersatz in die Kirche gehen.

Bisher hat die Kirche mit ihren Feiertagen die deutsche Kultur in ihrer Geschichte geprägt. Da könnte sich einiges ändern. Gemeinsame Gottesdienste, gemeinsames Beten? Findet man zu religiöser Gemeinsamkeit beim Gebet? Die Handreichung fragt: 'Kann es ein gemeinsames Beten geben?' In der Antwort wird der Rat der EKD allerdings nicht konkret, sondern drückt sich um eine klare Aussage, ob man denn überhaupt zu dem gleichen Gott betet. Nur dann ginge es gemeinsam. Die kirchliche Aussage lautet: *'Gottes Geist [von welchem Gott ist hier die Rede?] ist kein Geist der Beliebigkeit. Er bindet uns an Gottes Wort und schärft das Gewissen. Das Gewissen darf nicht verbogen werden. Es widerstrebt gerade dem Wesen des Gebets, instrumentalisiert und für uns zweckmäßig Erscheinendes missbraucht zu werden. Daher dürfen bestehende Unterschiede nicht überspielt und missachtet werden. Aufrichtigkeit, Sensibilität und Augenmaß sind jedenfalls für alle Beteiligten unabdingbar'.*(28) Pastoraler Bluff. Grammatikalisch wie inhaltlich bleibt unklar, was die EKD unter 'instrumentalisieren' versteht. Die Handreichung gibt keine Antwort auf die gestellte Frage nach einer gemeinsamen Gebetspraxis. Nur der Alltag kann zeigen, ob evangelische Gläubige

in Scharen zu den Moscheen pilgern, um zu beten, wo sich die Moslems Richtung Mekka niederknien? Geht auch Frau Käßmann zum Gebet dorthin?
Im Unterschied zum Islam ist die Gebetspraxis der Christen wohl eher ein privates Ereignis im stillen Kämmerlein. Auf den Gebetsruf des Muezzin vom Minarett eilt kein Christ zum Gebet.

Die Handreichung des Rates der Evangelischen Kirche drückt sich um die Feststellung herum, dass die Gebetspraxis im Christentum und die im Islam nicht zueinander passen.
Die Mehrheit der Gläubigen in beiden Religionen werden es als völlig absurd einstufen, wenn Moslems und Christen gemeinsam beten wollen. In diesem Punkt hätte ein klares Nein zu einer gemeinsamen Religionsausübung zu mehr Offenheit und Praxisnähe verholfen.
Die gemachten Ausführungen werden von den Christen als realitätsfremd empfunden. Sie atmen Anbiederung um jeden Preis.
Der Abstand des evangelischen Fußvolkes zu seinen kirchlichen Führern wird sich vergrößern. Angesichts zunehmender Islamisierung jubelt allein Margot Käßmann 'ich freue mich auf viele interessante Gespräche mit Imamen'.

Der Ratsvorsitzende der Evangelischen Kirche in Deutschland, Heinrich Bedford-Strohm, hat zusammen mit Kardinal Marx am 20.10.2017 die heiligen Stätten in Jerusalem besucht. Beim Betreten der islamischen Al-Aksa-Moschee hat er das Zeichen seines Amtes, das Brustkreuz abgelegt. (Der Bischof war nicht als Privatreisender in Jeans und Pulli in Jerusalem, sondern in offizieller Dienstkleidung.) Das ist Unterwürfigkeit gegenüber dem Islam. Das Ablegen des Brustkreuzes charakterisiert die Haltung dieses Kirchenfürsten. Die Einmaligkeit des christlichen Glaubens stellt er in Frage. Gottes Einerlei ist als ein Ausverkauf der Selbständigkeit von Kirche zu sehen. Kirche schafft sich ab.

Kirchenfürsten wie Margot Käßmann und Bedford-Strohm reihen sich ein in eine lange Tradition, deren Charakteristikum es ist, stets auf Seiten der Regierenden und Mächtigen zu sein. Dieses Prinzip galt im Feudalstaat, dann im deutschen Kaiserreich, als 'Deutsche Christen' in der Zeit der Hitler-Diktatur und ebenso als 'Kirche im Sozialismus' in der Zeit der DDR. Nun fügt Bedford-Strohm die evangelische Kirche stromlinienglatt in den heutigen Mainstream ein.

Es ist beschämend zu sehen, wie Merkel mit ihrem Gast Obama und de Maizière mit einem ranghohen islamischen Religionsfürsten ausgerechnet den evangelischen Kirchentag des Jahres 2017 geprägt haben. Wie hat Frau Käßmann als Botschafterin des 500-jährigen Luther-Gedenkens doch die Freiheit und Unabhängigkeit der Kirche korrumpiert! Schamlos hat Frau Käßmann in den Bundestags-wahlkampf eingegriffen mit ihrer Behauptung, als Christ könne man nicht die AfD wählen. Das ist der Geist der Einheitsfront a la DDR-Kirche. Die streitbare Margot Käßmann scheint nicht zu bemerken, dass Demokratie zum Funktionieren eine Opposition braucht. Und die gibt es nicht mehr, seit Frau Merkel von der bürgerlichen Politik ihrer Partei zur rot-grünen Ideologie gewechselt war.

So bleibt die AfD als einzige demokratische Partei in der Aufgabe als Opposition übrig. Käßmanns Behauptung, als Christ könne man keine AfD wählen, darf ihre private Einschätzung sein, doch ihre Äußerung ist gleichzeitig ein Verstoß gegen die Grundregeln der Demokratie. Auf dem Kirchentag 2017 wollte man Einigkeit mit dem Mainstream der derzeitigen Politik der Öffentlichkeit vor Augen führen.

Genau das Gegenteil vom Geist Luthers - was für ein gelungenes Reformationsgedenken im Jahr 2017 in Deutschland!

Ebenso ist die religiöse Einheitsmasche de Maizière's mit seinem sunnitischen Gast aus Ägypten auf dem Kirchentag ein Signal in die falsche Richtung gewesen. Der Großscheich Ahmed el-Tayeb ist nicht irgendwer. Er ist einer der ganz Einflussreichen, Chef der al-Azhar-Universität in Kairo, einem traditionsreichen sunnitischen Machtzentrum. In Deutschland könnte er allenfalls die arabischen Sunniten unter den Flüchtlingen (deren Zahl überhaupt niemand kennt!) zur Friedlichkeit aufrufen.

Doch für eine Versöhnung der Religionen ist der falsche Mann am falschen Platz. An den Herrn Ahmed el-Tajjib wäre in erster Linie die Forderung zu stellen, beendet endlich den innerislamischen Religionskrieg, der die eigentliche Gefahr für den Weltfrieden darstellt.

Der religiöse Machthaber Ahmed el-Tjjib sollte lieber einen 'Kirchentag' mit den Religionskontrahenten im Iran, in der Türkei, in Saudi-Arabien, in Damaskus usw. einberufen, anstatt zu einem Treffen mit Würdenträgern und Politikern nach Deutschland zu reisen. Was will er hier?

Doch diese Dimension der Religionen hat der Innenminister Thomas de Maizière offensichtlich nicht auf seinem Bildschirm.

Im übrigen kann das Islamgespräch nicht die primäre Aufgabe eines deutschen evangelischen Kirchentages sein.

Es steht schlecht um den lutherischen Geist im 500-jährigen Gedenkjahr mit der 'Freiheit eines Christenmenschen', wie der Titel einer der reformatorischen Schriften Luthers lautet.

Herr Tajjib bot an, dass seine Universität einen zweimonatigen Intensivkurs für muslimische Geistliche aus dem Ausland eingerichtet hat. Spontan sprach de Maizière den Wunsch aus, so etwas solle auch in Deutschland stattfinden. Wie bitte?

Dieser von christlicher Nächstenliebe getriebene Innenminister importiert den innerislamische Zwist mit einem solchen Ansinnen nach Deutschland. Weiß de Maizière nicht, dass die islamischen Parteien sich in einem gnadenlosen Krieg befinden?

Das war keine friedensstiftende Idee von Lothar de Maizière auf dem Kirchentag.

Die Haltung der evangelischen Kirche atmet den Geist liebevoller Umarmung zum Islam. Auf 'Teufel komm herein' versucht man, beide Religionen unter einen Hut zu bringen. Nicht wenige Christen werden sich über eine solche Art von Anbiederung schämen. Hier kann nicht zusammen wachsen, was nicht zusammen passt. Wie lange werden die Christen in Deutschland einen solchen Kurs ihrer Hirten tolerieren?

Hans-Peter Raddatz weist auf die einseitige Anpassung hin: 'Solange das neue Glaubensdiktat vom gemeinsamen Gott gilt, kann sich die Konvergenz der beiden Glaubensformen fortsetzen, wobei es sich allerdings um eine Einbahnstraße handelt. Die Konvergenz vollzieht sich unter massiven Veränderungen der Kirche bei gleichbleibendem Islam. Es sind Kirchen, in denen Korane ausgelegt werden, und nicht Moscheen, in denen Bibeln liegen. Es sind Christen, die den Bau von Moscheen in Europa fördern, und nicht Muslime, die den Kirchenbau im Orient unterstützen. Es sind Christen, die in europäischen Moscheen beten und Muslime, die in ihren Ländern Christen töten.' [9]

Teil VI: Blick in die Geschichte

Das Christentum hat sich von Jerusalem ausgehend im ganzen syrischen Raum ausgebreitet. Antiochia und Damaskus waren bedeutende christliche Zentren. Die Umayyadenmosche in Damaskus war in christlichen Zeiten die Johannes-Kathedrale mit dem Schrein Johannes des Täufers.
Das islamische Heer eroberte im Jahr 635 die Stadt.
Der Umgang mit den unterworfenen Christen wurde im Umar-Pakt

---

9   Hans-Peter Raddatz, Von Allah zum Terror, S.239

geregelt, genannt nach dem Kalif Umar I.

Der Umar-Pakt hat die Form eines Briefes. Die Besiegten (Dhimmis) bitten den islamischen Herrscher um Schutz.

Und diesen gewährt dann der Herrscher auch großzügig.

Es ist nicht der Kalif, der Gehorsam einfordert. Nein, von den Untertanen wird erwartet, dass sie ihre Unterwürfigkeit zeigen. Nur mit solcher Verhaltensweise bekommen sie Schutz und Duldung. Dieser Pakt aus dem Jahr 637 ist im Kern bis heute gültig und zur Richtschnur für den Umgang mit Andersgläubigen in islamischen Ländern geworden.

Im **Umar-Pakt** verpflichten sich die Christen

- Wir werden unsere Religion nicht öffentlich bezeugen und niemanden zu ihr bekehren.
- Wir werden niemanden von uns daran hindern, zum Islam überzutreten, so er es möchte.
- Wir werden Muslimen Respekt erweisen, und wir werden uns von unseren Stühlen erheben, wann immer sie wünschen, darauf zu sitzen.
- Wir werden keine Kreuze auf unseren Kirchen zeigen oder Kreuze und unsere heiligen Bücher in den Straßen der Muslims oder auf ihren Märkten.
- Wir werden unsere Predigten nicht laut halten, wenn ein Muslim anwesend ist.
- Wir werden nicht versuchen, Muslimen zu ähneln, indem wir uns ihrer Kleidung anpassen, etwa der Kappe, dem Kopftuch, den Schuhen oder der Haartracht.
- Als Zeichen werden wir uns den Gürtel (Zunar) umbinden.
- Wer absichtlich seine Hand gegen einen Muslim erhebt, verliert den Schutz dieses Paktes.

Die Unterdrückung der Besiegten orientiert sich an der Religion. Andersgläubige müssen äußerlich erkennbar sein und sich unterwürfig verhalten. Ausgebeutet werden sie zudem durch eine höhere Steuer. Die ist nicht für alle gleich.

Generell kassiert der islamische Staat eine Steuer von 2,5% ein. Andersgläubige mussten eine höhere Steuer an den Staat entrichten, durften dafür aber ihren Glauben behalten.

Treten sie zum Islam über, fällt auch die höhere Steuer weg.

Da ist absehbar, was passiert.

Diese Form der Unterwerfung hat dazu geführt, dass die ehemals christlichen Länder im syrischen und arabischen Gebiet und in Nordafrika ziemlich rasch islamisiert wurden. Wer zahlt gern hohe Steuern, wenn er das durch einen einzigen Satz des islamischen Glaubensbekenntnisses vermeiden kann?

Die ehemals christlichen Länder sind bleibend islamisiert worden.

Eine nur logische Konsequenz.

Die Ausgegrenzten

Hamed Abdel-Samad widmet in seinem Mohamed-Buch ein eigenes Kapitel den al-Saa'alik, den Ausgestoßenen in der arabischen Stammesgesellschaft. Gauner, Wegelagerer, Vagabunden, Kinder von Sklavinnen u.a. bilden diese Außenseiter; eine Familie verstößt ein Mitglied aus seinen Reihen, das sich verbrecherisch verhalten hat.

'Die Saa'alik waren in ganz Arabien gefürchtet, denn sie formierten sich zu starken Kampftruppen. Man nannte sie die Wölfe. Sie griffen Karawanen an, begingen Auftragsmorde und waren professionelle Diebe. Einige Stämme rekrutierten sie als Söldner bei ihren Kriegen.'[10] In der Nähe von Mekka gab es eine solche Truppe. Mohamed nahm mit ihnen Kontakt auf. Wenn sie zum Islam konvertieren, so sein Angebot, würden sie unter seinem Schutz stehen. Er machte mit den Ausgegrenzten gemeinsame Sache, um seine Macht zu stärken. 'Auch die Strafe des Arme- und Beine-Abhackens für Abtrünnige und Verräter, die Eingang in den Koran

---

10 Hamed Abdel-Samad, Mohamed. Eine Abrechnung, S.85

fand, stammt von den Räubern.[11] Mohameds Karriere 'und damit auch der Siegeszug des Islam, fußt letztlich auf einer Allianz mit der organisierten Kriminalität.[12] Um seine Gefolgsleute besser überwachen zu können, versammelte er sie fünfmal täglich zum Gebet. Keiner durfte fernbleiben.
Der Ursprung des Gebets im Islam macht nachdenklich!

Der Blick in die Geschichte macht die Gegenwart verständlich. Abdel-Samad folgert: '1400 Jahre später wiederholen die Kämpfer des IS all das, was Mohamed einst vorgemacht hat. Die Dschihadisten von heute berufen sich auf seine Haltung Ungläubigen gegenüber und auf seine Eroberungsstrategien...
Die Art, wie er seine Gemeinde führte, dient als Blaupause für ein ideales, Allah-gefälliges Leben – politisch, wirtschaftlich, gesellschaftlich und ethisch. Jenseits von Raum und Zeit wollen Islamisten die Urgemeinde Mohameds in jedem Detail wiederherstellen.'[13]

Ist der Islam friedlich?

In dieser Frage gibt es keine einheitliche Meinung. Der in Münster lebende Religionswissenschaftler Mouhannad Khorchide, der sich stark macht für islamischen Unterricht an deutschen Schulen, behauptet der Islam hat als friedliche Religion das Licht der Welt erblickt. Erst durch die Kalifen-Dynastie der Umayyaden sei der Islam zu einer kriegerischen Religion geworden. Dem widerspricht der deutsche Publizist und Islamwissenschaftler Hamed Abdel-Samad. 'Ich dagegen bin der Ansicht, der Islam wurde nicht durch die Umayyaden zu einer Schwert-Religion, im Gegenteil. Meiner Meinung nach war er von Anfang an wild und kriegerisch und

---

11 a.a.O S.86
12 a.a.O.S.87
13   Hamed Abdel-Samad, Mohamed. Eine Abrechnung, S.90/91

wurde erst durch die Umayyaden und danach durch die Abbasiden gezähmt und zivilisiert. Denn in der Umgebung, wo der Islam entstanden ist, verfing eine rein ethisch-humanistische Lehre nicht. Mohameds Botschaft scheiterte in Mekka, als sie gewaltlos war. Erst im Schatten des Schwertes des Propheten war sie erfolgreich...Erst als er seine erste Schlacht gewonnen hatte, zollten ihm seine Gegner Respekt.'[14] Mit friedlichen Gottesworten ist das Riesenreich der Kalifen nicht erobert worden. 'Am Ende waren es über achtzig Kriege, die Mohamed allein in den letzten acht Jahren seines Lebens führte. Mit andern Worten: beinahe in jedem Monat ein Feldzug...Wann hätte Mohamed Zeit haben sollen, die Grundlagen für eine friedliche und humanistische Gesellschaft zu schaffen? [15]

Mit der Verlegung des Regierungssitzes von Mekka nach Damaskus unter den Umayyaden kam es nach und nach zu einem friedlichen Zusammenleben mit den eroberten Völkern.
Dabei blieben die Dhimmis, die Nicht-Muslime, entsprechend dem Umar-Pakt Menschen zweiter Klasse.

Bei alledem darf nicht übersehen werden, dass es ein großes Verdienst Mohameds war, die arabischen Stämme zu einen. Vor seiner Zeit lebten die Menschen in Klans. Es gab noch kein Volk der Araber, nur die Zugehörigkeit zum eigenen Stamm. Zwischen diesen gab es Zwistigkeiten und Blutrache. Die Großreiche der Perser, Ägypter, Byzanz, Äthiopien hatten einen König. Einen solchen konnten die Araber wegen ihres Stammesdenkens nicht wählen. Und jeder Stamm hatte seinen eigenen Gott. Mohameds kriegerischer Islam hat die Einheit der Araber über die Religion geschaffen. Das hat zu einer einheitlichen arabischen Schriftsprache geführt, die es vor Mohamed nicht gab. Erst mit dem Koran ist die arabische Sprache entstanden, die heute in 22 Staaten gesprochen

---

14   Hamed Abdel-Samad, Mohamed, 2015, S. 44/45
15   a.a.O. 45

und geschrieben wird.

Mit seinem Monotheismus überwand Mohamed die altarabische Götterwelt der Stämme.
Araber ist, wer Muslim ist.
Im Jahr 622 beginnt eine neue Zeit, auch die neue, islamische Zeitrechnung. Die religiös-islamische Ideologie schafft die Einheit.
All das ist Geschichte.

Die Gegenwart verlangt andere Antworten. Was sich heute als Islam darstellt, ist das kriegerische Zerwürfnis des Islam. Es präsentiert sich durch eine fortwährende Kette von Anschlägen. Und die werden in den europäischen Ländern in dem Maß zunehmen, wie der Zustrom von Menschen aus islamischen Ländern anhält. Niemand vermag zu sagen, wie viele al-Saa'alik sich in dem unkontrollierten Strom befunden haben, den die Regierung Merkel nach Deutschland gelassen hat. Warum wohl gibt es Proteste in den Herkunftsländern gegen eine Rückführung dieser Personen aus Deutschland?

Teil VII Konfliktfelder mit dem Islam

In den Kernbereichen der Religionen bestehen keine Gemeinsamkeiten.
Islamische Religion ist zugleich Politik.
- ✔ Es gibt kein gemeinsames heiliges Buch
- ✔ Es gibt keinen gleichen Gott
- ✔ Kult, Gebet und Feste sind grundverschieden
- ✔ Dem Islam fehlt die Trennung Staat-Religion
- ✔ Unterschiedliche Menschenrechts-Charta
- ✔ Keine Gleichstellung der Frau
- ✔ Der Islam ist ein kriegerisch zerstrittenes Gebilde und existiert nicht als Einheit.

Das bedeutet: Islamische Religion ist für eine Integration in Europa

für Menschen aus islamischen Ländern hinderlich.
Es sind gerade die Prägungen aus der Religion, die einer Integration im Wege stehen.

Jedoch haben Menschen aus islamischen Herkunftsländern, die bereits in Deutschland arbeiten und hier eine neue Heimat gefunden haben, eine Integration geschafft, häufig unter Vernachlässigung ihrer Religion. Das hat sich in den zurückliegenden Jahrzehnten tausendfach vollzogen. Die Zugewanderten sind zu Mitbürgern geworden. Es war ein Prozess individueller Anpassung.

Ganz anders ist das bei der hereingeschwappten Flüchtlingswelle. Hier kommen ganze Menschengruppen. Aus ihnen werden größtenteils keine Mitbürger, sondern Nebenbürger oder Gegenbürger.

Das Asylgesetz kennt nur das Asyl für den Einzelnen, nicht jedoch für ganze Bevölkerungsgruppen. Hier hat die Regierung Merkel fundamental gegen das verfassungsmäßige Asylrecht verstoßen. Dieser Gesetzesbruch ist die Grundlage für das Entstehen von Parallelgesellschaften.
Hereingekommen sind sogen. Flüchtlinge in die großzügigen deutschen Sozialsysteme, jedoch nicht in den deutschen Alltag.
Zu einem unbekannten Anteil sind es al-Saa'alik, die Ausgestoßenen aus arabischen Staaten. Das ist daran erkennbar, dass es in Tunesien zu Demonstrationen gegen die Rücknahme solcher tunesischer Staatsbürger kam, die als Flüchtlinge nach Deutschland gekommen waren.[16]

Ganze Gruppen der sogenannten Flüchtlinge bilden eine Nebengesellschaft, bleiben eine kulturelle Insel, richten ihre Werte an ihren Herkunftsländern aus, folgen der Scharia. Sie kennen es nicht anders und wollen an ihrer Kultur festhalten.

---

16 Zeit online vom 25. Dezember 2016

Das wiederum bedeutet Hürden für geordnete rechtsstaatliche Verwaltung.

Ein Beispiel: Ein Deutscher wird für einen Verstoß gegen das Meldegesetz bestraft. Der ausländische Nebenbürger hält sich nicht an solche Formalitäten und braucht auch keine Strafe zu befürchten. Der deutsche Staat hat keinen Überblick, wer unter welchem Namen und wo wohnt. Vergebens haben deutsche Politiker wie Bosbach vor einem Sicherheitsproblem gewarnt, dass mit dem grenzenlosen, unkontrollierten Zuzug nach Deutschland gekommen ist.

Der Staat unter der jetzigen Regierung vermag den Bürger nicht mehr vor den Straftaten der Ausländer zu schützen. Daran ändert auch das Verschweigen von Herkunft oder Nationalität eines Täters nichts.

In dem Milieu der Nebengesellschaft bilden sich die neuen Gegenbürger. Es sind die potentiellen Attentäter von morgen. Sie werden als islamistisch oder radikalisiert bezeichnet, die angeblich mit dem friedlichen Islam nichts zu tun haben.

Doch diese Differenzierung in vermeintlich friedlich-islamisch und islamistisch-radikalisiert ist eine Scheindifferenzierung. Sie soll darüber hinwegtäuschen, dass islamische Lebensform nicht so einfach in die gewachsene abendländische Kultur einzufügen geht.

Islamische Zielsetzung birgt einen Totalitätsanspruch in sich. Der bekannte islamische Gelehrte Ala Mawdudi hat es so ausgedrückt: 'Der Islam ist keine normale Religion wie die anderen Religionen der Welt, und muslimische Nationen sind auch nicht wie normale Nationen. Muslimische Nationen sind etwas ganz Besonderes, weil sie einen Befehl von Allah haben, über die gesamte Welt zu herrschen und über jeder Nation auf der Welt zu stehen.'[17] Solche Ideologie, Heil-Idee, Phantasie, Zukunftsvision kennt Europa aus den Ideologien von Kommunismus und Nationalsozialismus.

---

17 Zit. in Mark A. Gabriel „Islam und Terrorismus" S. 105

Das Endziel heißt im Islam, der Menschheit Allahs Gesetz, die Scharia, aufzuzwingen und alle Völker zur islamischen Umma zu vereinen.
Der Weg dahin ist gepflastert mit Krieg und Blutvergießen. Terror ist ein Mittel zur Durchsetzung.
Der türkische Autor Zafer Senocak, der in Berlin lebt, schreibt 'Der Terror kommt aus dem Herzen des Islam, er kommt direkt aus dem Koran. Er richtet sich gegen alle, die nicht nach den Regeln des Koran leben und handeln, also gegen Demokraten, abendländisch inspirierte Denker und Wissenschaftler, gegen Agnostiker und Atheisten.'[18]

Anforderung an die Politik

Der Grundsatz

Es besteht dringender Handlungsbedarf für die Politik. Islamischer Einfluss bedeutet Eingriff in die Politik. Es kann nicht zugelassen werden, dass im Windschatten von fehlgeleiteter Interpretation von 'Religionsfreiheit' die verschiedenen Islamrichtungen ihr politisches Verständnis gesellschaftlichen Lebens in Deutschland realisieren. Das führt zu keiner demokratischen Vielfalt. Das bringt Unfrieden, Hass, Terror und Gewalt und gefährdet Demokratie und friedliches Zusammenleben in unserem Land.

Zum wiederholten Mal: Hat man verdrängt, dass sich die Islam-Richtungen im Krieg befinden?
Der oberste Grundsatz für Politik muss lauten: Menschen, die nach irgendeinem islamischen Staatsverständnis leben wollen, sollen das in einem islamischen Staat realisieren.
Der Umbau unserer gewachsenen Kultur in ein islamisches Gesellschaftssystem ist in Deutschland nicht mehrheitsfähig.

---

18 Welt.de/Politik 29.12.2007

Der Politikwissenschaftler Lothar Fritze hat in seinem Buch 'Der böse gute Wille' die derzeitige Polarisierung unserer Gesellschaft in Deutschland analysiert. Um eine Islamisierung Europas zu verhindern, erfordert es 'den Stop der Einreise nicht Einreiseberechtigter, die konsequente Rückführung abgelehnter Asylbewerber, die Beendigung des Aufenthalts-rechts für Flüchtlinge nach Wegfall der Fluchtgründe und eine deutliche Begrenzung des Familiennachzugs. Durch diese Maßnahmen werden keine europäischen Werte zerstört, sondern es werden jene Lebensformen bewahrt, in der diese Werte gelebt werden können.'
Ein Umbau unserer Gesellschaft durch das religiös-islamische Lebensverständnis entspricht nicht der Mehrheit in der Bevölkerung. Eine Volksabstimmung darüber wurde bewusst vermieden. Der deutsche Wähler ist durch den politischen Schwenk der Kanzlerin einem politischen Verwirrspiel ausgesetzt. Wer ist Opposition, ohne die eine Demokratie nicht funktioniert?
Ob der Wähler rechtzeitig merkt, dass es angesichts der islamischen Bedrohung einer anderen Regierungspolitik bedarf?

Das politische Unisono

Die Ideologie der Grünen, zu der Frau Merkel gewechselt ist, behandelt die Flüchtlinge so, als seien sie religionslos.
Was für ein Irrtum! 'Postfaktisch' sagt man heute dazu.
Die bürgerliche Öffentlichkeit hat es zugelassen, dass Frau Merkel klammheimlich zu einem System DDR 2.0 gefunden hat. Um die Bevölkerung auf Merkel's 'Wir schaffen das' einzuschwören, hat sie auf die ihr bekannte Agitationsmethode Honeckers zurückgegriffen.
In den Schulen fiel Unterricht aus, es wurden Kundgebungen organisiert, Mitleid mit den Flüchtlingen wurde zur Tagespolitik gemacht. Meinungsmanipulation hatte früher mit der Pionier- und FDJ-Organisation als einem wesentlichen gesellschaftlichen Multiplikator in der DDR gut funktioniert. Das gelingt Frau Merkel

auf dem Weg über die Schulen heute wieder. Die Öffentlichkeit wird auf die Meinung der Kanzlerin eingetrimmt.

Erstaunlich sanft wurden die Meinungsmacher der Presse und des TV dazu gebracht, auf grundsätzliche Kritik an dem eingeschlagenen Kurs der Kanzlerin zu verzichten. Der Presserat verordnete freiwillig, auf Herkunft und Nationalität von Personen in der Berichterstattung über Gewaltdelikte zu verzichten. Es sollte 'Ausländerhass' vermieden werden; gemeint war damit jedoch eine Zustimmung zur Linie der Kanzlerin. Die Politik ähnelt der in der DDR, alle folgen den Regierenden und arbeiten 'gemeinsam für den Frieden', wie es damals hieß.

Wo sind Alternative und Opposition?

Die linken und grünen Kräfte sind voll zufrieden. Merkels eigene Partei hat den Politikschwenk ignoriert. Konservative Kräfte haben es zugelassen, dass sich die Regierung über die Verfassung und geltende Gesetze hinwegsetzt.

Das Bundesverfassungsgericht nimmt eine Klage gegen die Kanzlerin nicht an! Damit schaltet sich die dritte Säule der Demokratie freiwillig ab.

Kirchen und konservative Kräfte opponieren nicht dagegen, dass unter dem Deckmantel der Religionsfreiheit die Muslime Europa beherrschen wollen, dass auch in Deutschland Muslime als Nebengesellschaften islamische Parzellen bilden. Die Gefahr durch den Islam wird schlichtweg ignoriert.

Eine demokratische Politik muss dem ideologisch-religiösen Weltmachtanspruch im Namen Allahs entschieden entgegen treten.

Die Gefährlichkeit des Islam besteht in erster Linie darin, dass mit dem Etikett 'Religion' Politik gemacht wird. So lautet der Untertitel dieses Buches 'Wo Religion auf Politik stößt'. Das Ziel der Religionsideologie des Islam ist die Unterwerfung aller Menschen.

Moslem zu sein heißt 'sich zu unterwerfen'. Doch wem unterwerfen? Die derzeitige Regierung und speziell der Justizminister Maas hat den Ernst der Stunde nicht erkannt. Die derzeitige Gesetzeslage lässt den potentiellen Gefährdern viel zu viel Freiraum. Unter der Ideologie 'Menschenrechte' (s.o.welche?) werden Freiheit und Schutz vor religiösem Terror gerade verspielt. Die Justiz erweist sich weitgehend als ohnmächtig gegenüber islamistischem Terror. Der Staat ist nicht mehr in der Lage seine Bürger zu schützen.

Islamische Infiltration

Die islamische Propaganda braucht unter dem Deckmantel der Religion keine Begrenzung zu fürchten. Nicht einmal dem Neubau von Moscheen werden Grenzen gesetzt. Und wo Bürgerinitiativen sich wehren, ist grüner und linker Protest wegen 'neonazistischer Machenschaften' sicher. Vertreter der großen Kirchen sitzen mit im Bauausschuss von Moscheen, wie das Beispiel Köln zeigt.
Stattdessen wäre erforderlich, dass islamische Einrichtungen nur als wissenschaftliche Institute geführt werden dürfen.
Eine Anerkennung als Körperschaft des öffentlichen Rechts ist zu versagen.
Der derzeitige Innenminister de Maizière fördert die Ausbreitung des Islam so gut er kann. Die Islamisierung Deutschlands ist eine Misere. Speziell die Präferierung des türkischen Islam durch die Grünen birgt gefährliches Konfliktpotential in sich. Privat mag Claudia Roth die Türkei als ihr Lieblingsland bezeichnen, gern auch in ihre dortige Villa übersiedeln.
Eine ständige Verfestigung des türkischen Islam in Deutschland ist von Erdogan gewollt, und die Grünen sind seine Helfershelfer.
Und mit welcher Fehleinschätzung hat die SPD dazu beigetragen? Ist es hilfreich, eine türkisch-stämmige Deutsche als Staatsministerin zur Integrationsbeauftragten zu machen?
Insgesamt hat die derzeitige Koalitionsregierung kein Augenmaß für die Gefahren seitens des Islam.

Der Wunsch der Regierung nach einem deutschen Islam bindet Deutschland in den Kampf um den wahren Islam ein, macht Deutschland selbst zu einer islamischen Kriegspartei. Folgerichtig schickt Frau von der Leyen Soldaten und Waffen nach Afghanistan, Aufklärungsflugzeuge nach Syrien, militärische Einheiten nach Afrika und auch weiterhin dorthin, wo islamische Aktivisten für ihre Islam-Richtung kämpfen.

Asylgewährung für größere Gruppen der verfeindeten Islam-Richtungen erweitert den Krieg nach Europa. Anschläge und Attentate sind nicht die Tat eines Verrückten, sondern Ausdruck des Kampfes. Der Attentäter ist nicht die Ausnahme (obwohl er es zahlenmäßig ist), sondern der Emissär des wahren Glaubens.
In den Moschee-Gemeinden werden immer wieder Kämpfer auferstehen, die zu einer Heldentat gegen die Ungläubigen bereit sind. **Das ist religiöse Substanz und nicht Ausnahmeerscheinung.** Wer Radikalisierung für vermeidbar hält, zeigt nur, wie wenig er mit der religiösen Materie vertraut ist. Religiösen und weltanschaulichen Fanatismus hat es zu allen Zeiten gegeben. Es ist der Drang, den Gegner der eigenen Überzeugung zu bekämpfen.

Was ist das für eine absurde Politik, die die Kämpfer erst ins Land holt, um sie dann durch Überwachung an der Ausführung eines Attentats hindern zu wollen?

Solche widersinnige Politik will der Mitbegründer des ungarischen Bürgerbundes, Ministerpräsident Viktor Orban, seinem Land ersparen. Wer auf ihn einprügelt, verhält sich nicht anders als ein Kämpfer für den wahren Glauben, ein Verfechter seiner Sache, der islamischen Menschenrechte.
Orban für seine Haltung bestrafen zu wollen, ist gleichermaßen Radikalisierung, vielleicht graduell anders, doch im Kern vom gleichen Geist. Ähnlich dem Islam stellt es einen Absolutismus der

eigenen Position dar, nur die Stoßrichtung ist eine andere; es werden die einen Menschenrechte gegen die anderen ausgetauscht.

Zu den nicht mehr zeitgemäßen Gesetzen zählt auch der Asylparagraph 16a in unserem Grundgesetz. Dessen Interpretation mit falscher Definition von Religion hat erst zu einer Flüchtlingskrise geführt, und diese wird die deutsche Politik noch lange beschäftigen. Als der Asylparagraph 1949 in die Verfassung aufgenommen wurde, galten ganz andere Gegebenheiten. Der Religionskrieg in Europa lag 300 Jahre zurück und der innerislamische Krieg war nicht vorhersehbar.

Die Rolle der Frau

Es gibt keine einheitliche Stellung der Frau im Islam; diese variiert je nach Land und Islam-Richtung. Was in Riad Gesetz ist, gilt nicht in Damaskus.

Der Koran sagt in Sure 4 'an-Nisa' (Die Frauen) in Vers 34

Die Männer stehen in Verantwortung über den Frauen, weil Allah sie vor den anderen ausgezeichnet hat...und bei Widerspenstigkeit ermahnt sie, meidet sie im Ehebett und schlagt sie. Wenn sie euch aber gehorchen, dann sucht kein Mittel gegen sie.

In der Bibel hieß es noch etwas schlichter, die Frau sei dem Manne untertan. Das war früher in beiden Religionen Konsens und Alltag. Heute wird ein solcher Text gründlich auseinander genommen und so lange interpretiert bis klar ist, dass es ja so gar nicht gemeint ist. Erst im Licht der in der westlichen Welt erreichten Emanzipation der Frau erscheint dieser Text als peinlich und wird weg interpretiert. Die historische Quelle und Verankerung in der Religion ist nur die Theorie. In der Praxis, in der Gewohnheit des Herkunftslandes, ist die Realität leider die, dass man von einer Emanzipation der Frau weit entfernt ist. Berechtigter Weise fürchten Frauenrechtler einen gesellschaftlichen Rückfall.

Im Einzelfall wird es immer konfliktreich bleiben, wenn der Mann die Frau als Eigentum betrachtet oder er sich für die Vermählung der Tochter oder der jüngeren Schwester aus religiösem Grund verantwortlich wähnt. Löst sich eine Frau aus dem vorgefundenen Rollenverständnis, kommt es nicht selten zu Gewaltakten bis hin zum Ehrenmord.

Hier sorgt die islamische Masseneinwanderung in unser Land dafür, dass der Polizei und den Gerichten die Arbeit nicht ausgeht. Das Problem stellt sich zwangsläufig bei Menschen aus anderen Kulturen. Dieses Problem kann sich nicht rasch von selbst erledigen, da durch die Erziehung der Buben in islamischen Familien die männliche Rollendominanz in die nächste Generation weitergereicht wird.

Die Stellung der Frau in der Gesellschaft hat sich durch die Invasion der Flüchtlinge gravierend verschlechtert.

Unser Land verändern...?

Nach den Worten der Kanzlerin geschieht das durch die Flüchtlinge. Aber wer will das?

Die gewachsene Kultur eines Landes wird u.a. durch Feste und Feiertage geprägt. Der christlich geprägte Festkalender kollidiert mit dem islamischen. Für Mohamed war Jesus zwar ein Prophet. Doch ihn zu ehren, lehnt er als Personenkult ab.

Damit stoßen die großen christlichen Feste mit jeweils zwei Feiertagen auf Ablehnung seitens des Islam. Die Geburt des Gottessohnes, sein Leiden am Karfreitag, seine österliche Auferstehung und das Fest des Geistes 50 Tage danach (Pfingsten) sind für islamisches Verständnis irrelevant.

Umgekehrt wird das Einhalten der Fastenzeit von Sonnenaufgang bis Sonnenuntergang, komplett ohne Essen und Trinken, bei Nicht-muslimen auf Unverständnis stoßen. Hinzu kommt, dass dieser Brauch einen ganzen Monat lang einzuhalten ist, und der Zeitraum dafür in jedem Jahr ein anderer ist.

Hier passen die religiös verursachten Feste der beiden unterschiedlichen Kulturen nicht zueinander. Das hat Auswirkungen bis hinein in die Arbeitswelt.

Die derzeitige Regierung verschließt die Augen vor einer Veränderung der Bevölkerungsstruktur.

Mit den Flüchtlingen ist der Anteil von Menschen, die nicht zum Produktivvermögen beitragen, stark angewachsen.

Wie lange können die Sozialsysteme dem standhalten?

Was Deutschland nicht dulden kann:

➜ unbegrenzten Zuzug aus islamischen Ländern
➜ Aufgabe der Trennung von Staat und Religion,
➜ Aufgabe der Gleichberechtigung von Mann und Frau,
➜ eine Ablehnung unserer Kultur durch Flüchtlinge
➜ Zwangsheirat, Ehrenmorde, Vollverschleierung von Frauen u.a. islamische Kulturgewohnheiten
➜ Das islamische Staatsgesetz, die Scharia
➜ Gesetzesverstöße müssen zur Abschiebung führen

Wer die übergeordnete Geltung des Grundgesetzes nicht anerkennt, hat in unserer Gesellschaft keinen Platz und muss Deutschland verlassen.

Die historischen Verhältnisse des 7. Jahrhunderts haben für unsere Gesellschaft keine Gültigkeit.

Sie dürfen nicht unter dem Deckmantel 'Religion' nachgeahmt und in einer Parallelgesellschaft in Deutschland gelebt werden.

Ausblick

Die islamische Welt präsentiert sich derzeit als zerstritten und jederzeit zum Kampf bereit. Der Vergleich mit den christlichen Religionskriegen ist durchaus angebracht. Damals hatte eine territoriale Abgrenzung zu einer ersten Befriedung verholfen. (Augsburger Religionsfrieden,1648). Danach hat die Epoche der Aufklärung zu einer Entschärfung von innen her geführt. Zunehmende Säkularisierung ließ religiöse Konflikte in den Hintergrund treten.

Eine ähnliche Entwicklung ist auch in der islamischen Welt zu erwarten. Doch das kann nur ein sehr, sehr langfristiger Prozess sein.

Derzeit stehen sich die Lager, die glauben den wahren Islam zu vertreten, unversöhnlich gegenüber. Das deutet auf Verschärfung und Verhärtung der Konflikte hin. Die wahhabitische Religionsmission Saudi-Arabiens glaubt den Ton angeben zu müssen. Die schiitische Interpretation des Islam ist vom alten persischen (550-330 v. Chr) oder sassanidischen (226-652 n. Chr.) Reichsdenken infiziert. Schiitische Vormachtstellung ist ihr politisches Ziel.

Kämpferische Unduldsamkeit in allen islamischen Lagern lässt für weitere Religionskriege nichts Gutes erwarten.

Die territoriale Aufteilung durch das Sykes-Picot-Abkommen, mit dem die Grenzen im Nahen Osten durch die Kolonialmächte Großbritannien und Frankreich nach dem 1. Weltkrieg festgelegt wurden, kann keine Grundlage für die Zukunft sein. De facto existieren diese Grenzziehungen auch nur noch auf dem Papier.

Doch keine Macht im Nahen Osten wird einer Grenzveränderung zustimmen.

Der Iran möchte Israel als Staat ausgelöscht sehen.

Die Türkei duldet keine Selbstverwaltung der Kurden im ehemals syrisch-irakischen Raum. Frieden ist in weiter Ferne.

Der Kampf der unterschiedlichen Islam-Richtungen kann jederzeit zum Pulverfass werden. Gefährlicher Islam.